打造高效执行力

郑和生 编著

吉林出版集团股份有限公司

图书在版编目（CIP）数据

打造高效执行力 / 郑和生编著. — 长春：吉林出版集团股份有限公司, 2018.7

ISBN 978-7-5581-5222-1

Ⅰ.①打… Ⅱ.①郑… Ⅲ.①企业管理–组织管理学 Ⅳ.①F272.9

中国版本图书馆CIP数据核字（2018）第134145号

打造高效执行力

编　　著	郑和生
责任编辑	王　平　史俊南
开　　本	710mm×1000mm　　1/16
字　　数	240千字
印　　张	17
版　　次	2018年11月第1版
印　　次	2018年11月第1次印刷
出　　版	吉林出版集团股份有限公司
电　　话	总编办：010-63109269
	发行部：010-67208886
印　　刷	三河市天润建兴印务有限公司

ISBN 978-7-5581-5222-1　　　　　　　　　定价：45.00元

版权所有　　侵权必究

前言

所谓执行力,指的是团队或者企业贯彻战略意图,完成预定目标的实际操作能力。执行力是把团队或者企业战略、规划转化为效益、成果的关键。执行力包含完成任务的意愿,完成任务的能力,完成任务的程度。对个人而言,执行力就是办事能力;对团队而言,执行力就是战斗力;对企业而言,执行力就是经营能力。

执行力是竞争力,更是战斗力。很多管理者强调各种规划,但常常没有获得预期的结果,其本质并非规划得不好,而是在于执行的保障体系不好。真正优秀的管理者明白,他们必须脚踏实地,必须深知自己所处的大环境、必须认清真正问题所在,并敢于面对。说到底,执行力就是一种把想法变成行动,把行动变成结果,保质保量完成任务的能力。执行能力的强弱因人而异,同样一件事情不同的人去做,往往会产生不同的结果。在当前急剧变化的市场环境中,执行力对于组织的生存与发展至关重要,只有那些能够对市场环境变化做出迅速应变的企业,才可能在变动不居的环境中赢得先机。美国海豹突击队在历次突击行动中所表现出的强大执行力,给我们以极大的启示。

2011年5月初,海豹突击队在巴基斯坦击毙基地组织头目、"9·11"恐怖袭击元凶本·拉登。这场漂亮的战斗使原来神秘而又令人敬畏的美国海豹突击队走向了世界媒体关注的前台。

美国海豹突击队(United States Navy SEALs),又称美军三栖突击队,全称为美国海军海豹突击队。"海豹"(SEAL)是别名(其中SEAL是"Sea、Air、Land"即"海、空、陆"的简称)。突击队正式成立于1962年,前身是美国海军水下爆破队，到1988年时已经扩大到两个战斗群，共有7个中队，约1600人。海豹突击队现今已成为美国实施低强度战争、应付突发事件的头号杀手。

作为世界最著名的特种部队之一，美国海军海豹突击队是世界上最为神秘、最具震慑力的特种作战部队。至今外界也很少有人知道海豹突击队会在什么地方执行任务、将什么地方作为训练基地等等，然而这支神秘的力量总是在国家最需要他们的时刻出现。对外披露的消息是，全美军只有1600多名现役海豹突击队战士，他们个个文武双全，体魄强健，因为主要是夜间执行任务，对视力要求不亚于战斗机飞行员。进入海豹突击队，学员要通过被认为是世界上最艰苦、最严格的特别军事训练，而且有时训练完全是真枪交火，学员们在超常的困境中锻炼毅力和团队作战的能力，最后70%的学员要被淘汰出局。因此成为海豹突击队的战士是一名美国军人的最高荣誉。自1962年肯尼迪总统亲自组建以来，无论是执行任务还是训练，海豹突击队都凭借出色的表现而成为特种部队的传奇。他们几乎参与了每一次重大的现代战争和军事反恐事件。

面对强大而又隐蔽的对手，明知困难重重，也要毅然战斗，即使倒下，也要成为一座山、一道岭！这是一种什么力量造就了这支威震世界的特种部队呢？这种力量也是本书所着力介绍与宣扬的不畏死亡、一心只要完成任务的精神，也就是通常所说的执行力！

事实证明，一支拥有高效执行力的部队或团队，往往具有培养英雄的土壤。英雄或是优秀军人，往往又会在拥有高效执行力的团队中出现。理由很简单，一支拥有高效执行力的团队或部队一定拥有真才实学，精英中的精英才能保证言出必行，行出必果的超强执行力、战斗力。同样只有精英中的精英才会愿意栖身于能够展其所学、尽其所能的具有高效执行力的部队或团队。美国海豹突击队正是这种拥有高效执行力和精英中的精英的团队。本书以美国海豹突击队作为引子，联系古今中外一些著名团队的成功案例，来说明高效执行力对于一个组织、一个企业、一个军队、一个国家所起的重大作用，将给管理者以极大的启示。

CONTENTS 目录

第一章 精英本色，执行赢天下

这个世界上只有两种人 / 003

执行力高的精英主导这个星球 / 010

强者蔑视危机，弱者屈从困境 / 014

尽责是执行力的身份证 / 019

多走一步，天壤之别 / 024

追求结果也要注重过程 / 029

第二章 造就英才，培训满足需要的员工

培养员工的核心价值观 / 035

兴趣是保持高效的动力之源 / 040

培养员工的忠诚 / 045

培养专注的手段 / 048

培养团队合作意识 / 052

员工的性格决定公司的命运 / 056

一切按程序来 / 060

第三章　合理分工，打造高效的执行团队

高效简洁的流水线战术 / 065

模仿是实现高效最直接的手段 / 069

实现高效的沟通 / 072

创建学习型团队 / 076

抑制破坏冲突，鼓励良性冲突 / 080

目标管理省时省力 / 084

一个时间只能做一件事情 / 087

第四章　执行内功，十年磨一剑

宁愿训练摔断两根肋骨，不愿战场丢掉一条性命 / 093

人无我有，人有我精，人精我进 / 098

保持执行力——养成终身学习的习惯 / 101

须知上行下效，一切从领导抓起 / 104

执行要突破常规思维方式 / 107

执行除了做到完美，还要做到敏捷 / 113

第五章　GO GO GO　执行为王

狭路相逢勇者胜，决斗吧 / 123

坐前排，做先锋 / 129

早起的鸟有虫吃，比对手快一步 / 132

获得胜利，还要扩大战果 / 136

第六章　笑对执行失败，从头再来

为失败干杯 / 145

从屡战屡败到屡败屡战 / 149

一切不过从头再来 / 153

永不服输的品格 / 157

冷静有力量 / 162

第七章　群英携手，执行无往不利

马其顿方阵 / 171

"狼狈为奸"的辩证分析 / 175

纪律是团队战斗力的保证 / 179

顾全大局，强者本色 / 183

信任与沟通 / 186

第八章　执行命令，做到彻底

执行命令，做到彻底 / 193

在内百家争鸣，对外一种声音 / 200

执行难还是沟通难 / 203

执行不代表一味服从 / 206

独当一面，你办事，我放心 / 210

第九章　敢于牺牲，忠诚至上的执行力

斯巴达三百勇士 / 217

牺牲精神等于敢于独自承担责任 / 222

老板喜欢提拔忠诚的员工 / 226

忠诚不等于送死，要使自己的忠诚更有价值 / 231

第十章　严守纪律是执行力的保险

遵守纪律的狼群 / 239

懂得服从纪律才能遵守纪律 / 243

忠诚是严守纪律的灵魂 / 246

健全的制度才能出严明的纪律 / 250

纪律是发挥最大潜力的保障 / 255

遵守纪律是执行力的保证 / 258

第一章

精英本色，执行赢天下

执行力是每个成功人士不可缺少的，同时也是一个出色的团队必须拥有的。翻开中外史籍，遍阅古今典故，让人叹为观止的，几乎全是一批又一批的精英在创造辉煌。而稍加留意，就不难发现，这一批又一批的精英之所以叱咤风云、所向披靡，就是因为他们坚信：精英本色，执行赢天下。

这个世界上只有两种人

在这个世界上只有两种人。一种是精英,另一种是凡人。他们的生理特征完全没有差别,然而他们的社会地位却可能有天壤之别。犹如金字塔结构,精英处在塔尖,享受着名利双收的恩惠,高高在上,轻蔑地俯视着下层的人。而凡人总是为精英作嫁衣,自己不仅要抬头忍受来自上层闪耀阳光的灼刺,更要受到上层的压迫。越处于底层,受压迫的感觉就越是让人窒息。

在这里,我并不是歧视凡人,而是要说明现实实在是太残酷了。你可以选择凡人的生活,但你却一定要接受一些现实。比如,看着精英们住洋房,开小车,休闲的时候打高尔夫,而你却要为一日三餐奔波。也许很多人嘴上说不介意,甚至声称平凡的生活才是生活,平凡的快乐才是人生的真谛。但是,他们却忘了人不单是生物意义的人,更重要的是社会意义上的人。简言之,你除了对自己这个个体负责任外,还要对自己的父母、配偶、孩子尽到义务。当你看见养育了自己数十年的白发苍苍的父母,无论刮风下雨,严寒、炙热都佝偻着腰,一瘸一拐地到城市的大街小巷收集被扔掉的矿泉水瓶的时候,当你看见精英的父母每个月拿着子女给的钱周游世界的时候,甘愿作为凡人的你,为人子女的你又作何感想呢?当你看见自己当初承诺给她过好日子的老婆,买不起基本的化妆品、护肤品时,当她责备你说某某同学早就是某行业的精英时,你是否会感到自卑呢?看过《蜗居》的人都会对海萍每天骂苏淳废物的片段记忆犹新。如果现实生活中,你面对苏淳这样的困境,你的心情又是怎样呢?当精英的子女们每天喝牛奶，而凡人却对自己的孩子说喝开水更好时，你又是什么心情呢？精英将自己的孩子送去国外接受好的教育，回国后继续统治、奴役你的孩子，就这样一代代延续下去，你又作何感想呢？

我们并没有看不起凡人，做精英或做凡人只是一种生活态度。但是，年纪轻轻的你，是否应该在年轻的时候努力一把，尝试去成功呢？也许有人会说："不是每一个人都会成为精英的，就像不是每一个美国士兵都能成为海豹突击队队员一样。而90%的人都是凡人，普通的士兵。不管成为海豹突击队队员还是普通的士兵都是命运的选择，不能强求。"这是典型的宿命论，是毒害你人生的毒药。在古代社会，由于世袭等级制度的森严，精英和凡人出生后就是命中注定的。除非像陈胜、吴广这样喊出"王侯将相，宁有种乎？"的英雄才能发动自下而上的起义，推翻旧的统治并创立新的等级制度，从而改变了自己的命运。另外，还有一些读书人通过极具艰难的科举，改变了自己凡人的命运。除此之外，很少有人能够通过努力改变命运。然而今天的世界变了，不再是那个等级森严的封建社会了。当今社会的每个阶层时时刻刻都在变换，达官贵人的孩子会因为骄奢淫逸变成凡人；而凡人的孩子也可以通过努力变成达官贵人，这是一个公平的时代，一个天道酬勤的时代。美国海军海豹突击队队员中90%以上都出自平民家庭，甚至有的出自平民窟，如在击毙本·拉登事件中披露的一名美军海豹突击队队员霍华德·E.沃斯汀，就是一名非裔美国人。不仅海豹突击队队员如此，当今世界上各行各业的精英出身大多都不是什么豪门富甲，他们以前都是平凡得再不能平凡，普通得再不能普通的人，每天同样要面临着生存压力，也要去工作、赚钱、养家，但为什么他们能成为精英，从而从凡人中脱颖而出呢？因为精英在做凡人的时候，与其他凡人有种种不一样的地方。请看下面这个20世纪20年代北伐战争中的案例。

1926年7月1日，广东国民政府军事委员会颁布北伐动员令，9日国民革命军在广州誓师，北伐战争正式开始。1926年8月，北伐大军经湘入鄂，逼近了通向武汉三镇的咽喉、粤汉铁路上的军事要隘汀泗桥。汀泗桥战役中，吴佩孚在此地布置了两万兵力，凭险死守。8月27日，北伐军第四、第七、第八军向汀泗桥敌阵发起猛攻。担任主攻任务的第四军六个团一昼夜间连续冲锋12次，均未奏效。此时，吴佩孚率援军将抵达贺胜桥，孙传芳又企图袭击广东，情况非常危急。原来，汀泗桥是镇守武汉的第一道关隘，有"鄂南第一门户"之称。它西、北、南三面环水，东面是重叠的高山。横贯东西的河流水急且深，南北只有粤汉铁路桥可以通过，铁路桥上有层层铁丝网相遮，桥北面丘陵起伏，每个山头都已设防，桥南虽地势平坦，但在上端却是猪姆岗小高地，又伏有重兵，颇像个横眉立目手持青龙偃月刀的周仓，要想通过此地入鄂要冲，那是难上加难！因此，要赶在吴佩孚率嫡系部队南下之前拿下汀泗桥，已刻不容缓。但是，从进攻路线看，要在有限时间内力克汀泗桥，必须有一支部队经过一天急行军，翻几座山，过几道河，徒步行军一百六七十华里，占领中伙铺，待大队人马上来后，再发起总攻，才有确凿的把握。那么，哪一支部队肯充当这个连续奔袭的苦角色呢。副军长陈可钰一连问了两遍，参加紧急会议的师、团长们没有一个吭声的。

陈可钰见这个师长装作想问题地眯缝着眼，那个团长装作太疲倦地哈欠连哈欠，急得轻轻用手指敲敲桌面："都精神点儿，思想也集中点儿，我们这么多团以上高级干部，难道就没有一个敢站起来拍胸脯的？"坐在陈可钰身旁的参谋长廖乾吾脸上漾着会意的笑容。他知道，本来各部队连续几天作战已经十分疲劳，需要做一些休整，马上又去执行这么艰巨的先遣队任务，一般上司都怕自己的部下吃不消，再打起仗来冲不上去。所以，大家都不肯冒这个险是情有可原的。

"军长，我去！"一个铿锵有力的声音响起，众人视之，一位身材笔直，面容消瘦却精神饱满的军人敬了一个标准的军礼。他就是以后名扬天下，中国人民解放军的创始人和新四军重要领导人之一，闻名国内外的军事家，他带领的独立团在北伐中被誉为"铁军"，指挥南昌起义并出任前敌总指挥，参加广州起义时任起义军工农红军总司令，抗日战争中又出任新四军军长的叶挺。性情刚烈的叶挺豁地站起来，友好地向"老袍泽"们一拱手，"明天我们在中伙铺恭候诸位！"果然，叶挺独立团经过一夜急行军，于拂晓前到达中伙铺。"戴好'红、蓝、白'三色识别带、背上铜鼓帽（竹笠雨帽），出发！"叶挺双目炯炯地环视着士气昂扬的全团官兵，信心十足地下达了命令。当叶挺独立团在黄昏时刻进入准备攻击位置时，敌人或许发现了什么蛛丝马迹，或许为自己壮壮雄威，开始猛烈地在他们认为可能有北伐军隐蔽的地带打炮。一枚枚炮弹将泥土沙砾抛到半空中又狠狠摔下，噼噼啪啪砸在独立团官兵头上和身上，但没有一个喊疼痛和躲避的，始终保持一动不动，不给敌军以任何有部队埋伏的迹象。

第十二师三十五团首先从右翼进攻汀泗桥东南一带高山阵地。双方处于胶着状态，进攻者攻击不上去，防守者也不能将进攻者击退。接着，独立团发起冲锋。但是，因敌人炮火地毯式轰炸控制汀泗桥正面狭窄通道，加之洪水恣肆，独立团也一时受阻。怎么办？这样久战不决对我军不利呀！于是，叶挺通过冷静思考，觉得应该另辟蹊径，找当地群众请教，问问有没有可以迂回到汀泗桥侧面的道路。他这一问不要紧，还真问出一条打柴人攀登的环山小路。

"好极了！"叶挺飞身上马来到军部，向副军长陈可钰和党代表廖乾吾报告了当地群众提供的盘山小路和自己决心率独立团沿小路包抄汀泗桥的设想，在得到陈可钰和廖乾吾的拍板后，马上命令独立团迅速撤出进攻阵地，悄无声息地躲过敌军的监视，利用夜色掩护，猿猴般攀山越岗，在拂晓前神不知鬼不觉地插到汀泗桥东北方向的高岗处。"按原建制，就地展开，首先消灭白墩高地的军官团，再向汀泗桥进攻！"叶挺凭高而立，见各个部位的敌军一览无余，两条浓眉欢快地跳个不停，一挥拳头，果断下达了命令。独立团官兵一个个似飞出炮膛的弹头，呼啸着冲向敌阵，顿时把毫无准备的敌军打得晕头转向，被击毙的被击毙，被缴械的被缴械，汀泗桥敌军的防线全面瓦解……"今天，我们攻打贺胜桥与汀泗桥不同，北洋军阀吴佩孚为了挽救他的失败命运，已到贺胜桥坐镇督战，他还扬言，贺胜桥固若金汤，定叫北伐军有来无还！我们要拿下贺胜桥，要去牵一牵这位吴大帅的牛鼻子！"叶挺在全团政治动员大会上，以誓言般的决心给全体官兵心里又烧了一把火。"我们要攻占贺胜桥，去牵吴大帅的牛鼻子！"全团官兵振臂低呼，那低沉雄浑的声音，似地火在运行，如岩浆在滚动。

　　两军对垒勇者胜。独立团官兵摩拳擦掌，必欲擒拿吴佩孚而后快。战斗力，是政治力量与军事力量的一种综合体现。天刚黑下来，叶挺独立团的官兵或匍匐前进，或以疏散的队形，在敌军炮弹的罅隙中进行接敌运动。"预备队，把许营长一定抢救下来！"叶挺见状，急忙向预备队第一营和特别大队下了死命令。于是，预备队第一营和特别大队向敌阵地一顿猛烈射击，趁机把许继慎抢救到安全地带。为了突破敌前沿阵地，叶挺毫不犹豫地变化兵力部署，将警戒敌铁甲火车的团机枪连、向第二营左翼展开的第一营和第一营的一连攻击队，全部集中在第二营进攻方向，形成重拳，命令团参谋长周士第指挥，奋力抢占制高点印斗山，来个突破一点，带动全盘。叶挺这一变化，使敌人一时摸不着头脑。团参谋长周士第带领官兵们一个近距离冲杀，卷席般将印斗山的顽敌忽地掀到了山下，除了击毙者外，其余的敌军带着方才还插在印斗山以壮军威的大旗抱头鼠窜。

　　接着，占据印斗山制高点的独立团，以凶猛的火力向左右两厢的敌阵地扫射，立刻打乱了敌军的阵脚。这时，其他攻击部队也纷纷赶了上来，在独立团的策应下，向东起印斗山，中为贺胜桥，西至铁路西的上千米敌军阵地发起雷霆般的轰击。一千多士兵把冒着泛人寒气的雪亮刺刀刺向敌人的胸膛，霎时间敌人坚固的阵地山崩一样呼隆隆地坍塌了，几万名敌军连跑带滚，形成一条巨大的洪涛，翻卷而下。

凶神恶煞般的督战队，妄图用杀一儆百的办法来阻挡大批不战而逃的敌军。督战队每个人手持一支手枪和一把大刀，来一个退怯者就杀一个，手起刀落，人头掉地，不管是士兵、连长、团长还是旅长，统统处死。就在大批溃逃的敌军还没有涌过来之前，已有几个团长和上百名士兵的头颅被砍下来挂在路口的树上。但是，物极必反。逃跑的敌军见督战队这样惨无人道，抱定"跑也是死，不跑也是死"的念头，一面疯狂地叫骂着，一面向督战队开火，力图杀开一条血路，继续逃命。

吴佩孚的嫡系人物刘玉春在日后写的《百战归田录》中这样描述贺胜桥一战："桥上布满死尸，桥下浮尸至不见水面。战后点员，本师计十五旅及补充团、炮兵连、工兵连、辎重连、卫生连凡五千员，伤亡三千零五员。团长三员，陈献斌阵亡，拜伟重创，周楫被俘。营长九员阵亡及不知生死者七员。连长四十二员阵亡，及不知生死者二十五员。其排长以下不能遍举。其他各部所余，陈嘉谟一师余三千名，其卫队一团余一千二百名，宋大霈一师二千名，孙建业一旅四百名，张占鳌一旅三百名，余荫森一旅二千名，孚威之卫队一旅亦仅一千零五名……"这就明确无误地表明，贺胜桥一战，吴佩孚的几万名的嫡系部队损失过半。贺胜桥变成了吴佩孚的断魂桥。叶挺的独立团也因为这一战名扬海内外，被称为"铁军"。

通过叶挺将军的例子，我们可以清楚地看出凡人与精英的区别恰恰就在于是否具有高效的执行力。那么说了这么多高效的执行力，到底什么是高效的执行力呢？笔者定义一个具有高效执行力的团队或部队的成员一定具备以下几种品质。首先，在凡人屈从困难的时候，拥有高效执行力的精英一定是蔑视危机。其次，拥有高效执行力的精英一定以行动力高于凡人而著称。再次，高效执行力的精英一定是一个富有极强团队精神的队员。最后，执行力高的精英一定是尽职尽责，笑对失败，严守纪律的人。

[执行力高的精英主导这个星球]

美国海豹突击队自始至终坚信着、践行着"执行赢天下"的信念,取得了一个又一个重大行动的胜利。

20世纪60年代,因越战需要,美国组建了代号为"海豹"(SEAL)的海军突击队,这支突击队又称海豹小队。海豹突击队自创立起,屡建奇功。

在整个越南战争中,美国海军共有14人获得海军十字勋章,其中有10人是海豹突击队队员。越战期间,美军共成功进行20次营救战俘行动,共营救出300多名战俘。其中有152名战俘是海豹突击队救出的,人数占越战中被营救战俘的50%。海豹突击队在越战中的神出鬼没,来去无踪,令北越军队大吃苦头、防不胜防。因此它被称为湄公河三角洲的幽灵。外界对这支神秘的军队了解得很少,只知道它有各军种士兵共50名,军官10名,其中有一名海军上尉担任队长。它的主要装备有高空低开伞、水下呼吸器和AR-15自动步枪,仅此而已。

1989年12月23日,美巴战争中,海豹突击队击落巴拿马总统诺列加的专机,切断其逃路,并包围诺列加逃难的梵蒂冈驻巴拿马使馆。1990年1月3日,诺列加走出梵蒂冈使馆向海豹突击队投降,美巴战争结束。

1990年海湾战争中,海豹突击队对伊拉克军队实行"欺敌行动"。这次行动上演了一场军事史上的奇迹。仅有60人的海豹突击队,竟然将整整两个师的伊拉克共和师牢牢地钉死在阵地上一整天,从而保证了多国各军种的海滩登陆作战。

2011年5月初，海豹突击队在巴基斯坦击毙基地组织头目、被称为第二次珍珠港事件的"9·11"恐怖袭击事件元凶本·拉登，为骄傲的美国人报了一箭之仇。

美国"9·11"事件后，从发动反恐战争到成功击毙本·拉登总共牺牲了6000多名官兵。然而，展现给世人的天降神兵却是2011年5月1日，在巴基斯坦击毙罪魁本·拉登的海豹突击队。是不是很多人觉得那6000多名牺牲的官兵是给几十人的海豹突击队队员的成名作嫁衣裳呢？人们往往会崇拜一战成名的将军，而总是忘却了将军脚下的累累白骨。这是为什么呢？因为这个世界本来就是由极少数精英所统治的。不到20%的精英，占有着这个世界80%的荣誉、声望、财富、权力。

据有关统计，世界上仅占人口0.5%的富豪拥有这个世界60%的财富。而占99.5%的普通人在为剩下的40%的资源、财富你争我抢。排在世界前100名的富豪，总财富相当于整个非洲所有国家国民生产总值之和。世界首富比尔·盖茨，拥有超过非洲12个不发达国家国民生产总值之和的财产。中国大陆，平安保险公司董事长一年的公开纳税后工资为5000万人民币，而普通的一名平安公司工作10年的员工年薪不足3万元，不及董事长的1‰。

在中国高校，70%的高级科研成果是由占教授人数不到5%的人创造的。1%的高校教授纯工资是另外99%的教授的10倍左右。

企业中，20%的员工骨干创造了企业80%的利润。5%的高级技术精英承担了80%以上的高精技术工作。

这些说明了什么呢？世界首富比尔·盖茨就曾说过这样一句名言："放弃我现在所有的财富，但允许我带走20名员工，五年以内我可以再搞出一个微软。"可见，不论是组织、企业，甚至我们这个星球，都是被少数精英统治着的！

西方有一个著名的寓言故事，即后来广为传颂的马太效应（Matthew Effect）。马太效应，指的是强者愈强、弱者愈弱的现象，这一效应被广泛地应用于社会心理学、教育、金融以及科学等众多领域。"马太效应"与"平衡之道"相悖，与"二八定则"有相类之处，是十分重要的自然法则。

马太效应这个名字来源于《圣经》中"马太福音"第二十五章的几句话："凡有的，还要加给他叫他多余；没有的，连他所有的也要夺过来。"

圣经《新约·马太福音》中有这样一则寓言：从前，一个国王要出门远行，临行前叫了仆人来，把他的家业交给他们，依照各人的才干给他们银子。一个给了五千，一个给了二千，一个给了一千，就出发了。那领五千的，把钱拿去做买卖，另外赚了五千。那领二千的，也照样另赚了二千。但那领一千的，去掘开地，把主人的银子埋了。

过了许久，国王远行回来，和他们算账。那领五千银子的，又带着那另外的五千来，说："主人啊，你交给我五千银子，请看，我又赚了五千。"主人说："好，你这又善良又忠心的仆人。你在不多的事上有忠心，我把许多事派你管理。可以进来享受你主人的快乐。"那领二千的也来说："主人啊，你交给我二千银子，请看，我又赚了二千。"主人说："好，你这又良善又忠心的仆人。你在不多的事上有忠心，我把许多事派你管理。可以进来享受你主人的快乐。"

那领一千的，也来说："主人啊，我了解你是仁心的人，没有种的地方要收割，没有散的地方要聚敛。我就害怕，去把你的一千银子埋藏在地里。请看，你的原银在这里。"主人回答说："你这又恶又懒的仆人，你既了解我没有种的地方要收割，没有散的地方要聚敛。就当把我的银子放给兑换银钱的人，到我来的时候，可以连本带利收回。"于是夺过他的一千银子，给了那有一万银子的仆人。也就是说你有的，我还会给你，你没有的，我要拿走你现有的给那个已经有的人！因为只有成功才能带来成功，金钱才能生出金钱。

　　世界就是这么残酷，因为这个世界的所有权是属于那些执行力高的精英的。没有成为精英，你做得再多、再好的事情的所有权也都是属于精英的，你是在为世界上的精英打工。这不是不公平，这是因为精英在做凡人的时候做了比凡人更多的努力。因此，我们既要承认精英统治着这个星球的事实，但又不要灰心，要争取做更多的努力成为精英。永远要记住那句话：你有的，我还会给你，你没有的，我要拿走你现有的给那个已经有的人！

强者蔑视危机，弱者屈从困境

这个世界上从来没有真正实行众生平等的规则，而一直都在上演丛林法则。什么是丛林法则呢？就是优胜劣汰，弱肉强食。谁也不愿当弱者，但很多人却不明白强者与弱者之间真正的区别。其实，两者之间最大的差别即在于，强者是蔑视危机拥有高效执行力的精英，弱者是屈从困境执行力差的凡人。

1966年2月，美军第一支海豹突击队（一支由3名军官和15名士兵组成的"高尔夫分队"）向越南派出积极准备作战行动。这支"高尔夫分队"由美国驻越海军各军种指挥官指挥，主要在芹苴特地区实施作战行动。

芹苴特地区覆盖从南中国海通往西贡的所有水路，具有特殊的战略意义。芹苴特地区位于龙头河与西拉河之间，是一片长满红树类植物的沼泽地（其中有几千条小溪与河流），南与湄公河三角洲接壤。船只只有先通过头顿，然后沿弯弯曲曲的河流航行75公里，才能抵达西贡。芹苴特地区是河流三角洲，潮汐流速高达每小时4海里，平均潮高约2.5米。退潮以后，留下的是齐胸深的淤泥、无数哺乳动物、昆虫、爬行动物、丛林猫科、大蟒、鳄鱼和毒蛇，这些生物都会在茂密的红树植被中安家落户。此外，还有成千上万种蚊子，无数的大蜘蛛和大蝎子，专吸人血的水蛭，以及成千上万种蜇人的大蚂蚁。这里到处长着挂有牙签一般尖刺的植物，人一碰上就出血，靠一靠树或摸一摸树枝，便会被刺伤。这个地方，一旦降下骤雨，便会成为一片汪洋，不知何处是岸。根本没有坐一会儿或躺一会儿的地方，士兵只能挂着枪支在泥水中站着睡觉。吃的东西，只能是和有粪尿泥水的生米。遇到红树林带就更难通过，树下有许多纠缠不清的根须，树旁到处都生长着各种蕨类植物和小灌木，只能看清几米的距离。那里是巨蟒的生息地，稍有不慎，误把巨蟒看成是倒在地上的木头，脚踏上去就再也活不成了。曾经有一个士兵踏到巨蟒身上翻落水中，侥幸未死，但上岸时他已经缺了一条腿。

在这个魔窟里行进了两星期，许多人站在泥里像一根木头似的死了，别的人碰一碰他的肩，他便吐出气泡倒下，然后缓缓顺水流走。然而，在如此艰苦的环境下，海豹队员们硬是克服了困境，出色地完成了任务，共救出100名南越战俘，世界媒体为之哗然，这也是美军海豹突击队第一次完美地向世人亮相。这就是美国海豹突击队高效执行力的表现。

了解古希腊历史的人都会对一个叫作斯巴达的城邦记忆深刻。斯巴达有句谚语，"斯巴达人不管敌人有多少，只想了解敌人在哪里"。对呀，这就是拥有高效执行力强者的思维，不管敌人有多少，只管敌人在何处呀！而执行力差的弱者的思维却恰恰相反。执行力差的弱者之所以成为弱者，在于他们在困境面前妥协、退让、逃避。

1894年中日爆发了甲午战争。其中朝鲜古都平壤是中日争夺焦点。平壤位于朝鲜北部的水陆交通要道。往北是义州，南边就是汉城，东边可达元山镇，西南是大同江口。水路、陆路四通八达。由于地理位置很重要，自古以来，这里就是兵家必争之地。平壤城墙雄伟壮阔，看似坚不可摧。远远望去，整个城堡就像一只雄狮坐卧在山脚下。城门有六扇：东为大同门；西为七星门；南是朱雀门；北是玄武门；东北有长庆门；西南有静海门。北门玄武门外，有一制高点，称牡丹台，据此可以俯瞰全城。

清军在此集结了四路大军，共计一万余人，皆为淮军精锐，其装备也皆为当时世界精良武器之最。此时清军兵精粮足，以逸待劳，如果坚持一定能够守住城池，扭转战局。然而，清朝的四路大军入朝已有月余，在李鸿章"先定守局，再图进取"的消极防御方针的束缚下，上万将士，既不分道争利，又不择险分屯，而是云聚平壤，置酒高会，漫无布置，坐守平壤，其结果是遭致日军的四面合围。

不久日军杀至平壤城下，此时身为清军总指挥的叶志超常常感到心惊肉跳、六神无主。他已向朝廷报告："平壤城卑而粮少，又难运转，无水，一定守不住。"而且还声称他自己"心力交瘁，病又日重，饮食亦不能进"。其实，叶志超十分害怕打仗，他在为自己的逃跑造舆论。在战斗即将打响的时候，他表面上命令各军严加防守，暗地里却准备弃城逃跑。激战一天后，日清双方互有胜负，但被日军吓破胆的叶志超再也坐不住了，单人独骑一口气跑过鸭绿江到达中国境内。主帅逃跑，清军群龙无首，军心涣散，纷纷打开城门向后撤去，不久平壤沦陷。经日军统计，这场仗清军死亡近2000人，被俘500人，缴获清军各种火炮35门，步骑连发枪500挺，单发后膛枪400余挺，以及大批炮弹、马匹、粮食、车辆、弹药、金银、货币等军用物资。平壤一战，清军丧失了御敌于国门之外的良机，战火不久烧至国内，为中国甲午战败埋下了祸根。埋下这个祸根的原因非武器不如人，非人数不如人，而在于对待战争危机的态度上比日本人差得太多、太远。日军一开始就抱着与清军决一死战的决心，而清军最高统帅李鸿章却一直在是战是和上摇摆不定，前线统领叶志超却贪生怕死，一味逃跑，胜败从战端一开始就已经注定了结局，这是因为日军战胜了危机，而清军却屈服了困境，不能不让人深思呀！

同样在职场上，多少人因屈从于困难而与成功背道而驰！他们还没有脚踏实地地去做某项工作，就事先以消极的心态对自己做出一系列的推想："这种事，我恐怕做不好""我的能力不行，做不好这件工作""那个客户太刁钻了，我无法应付他""公司里比我成功的人都干不好这件事，我肯定也无法干好这件事"等等。有了这种负面的想法以后，他们往往可能还没有去做事，就失去了信心，而事情的结果也十有八九地朝着不利的方向发展。相反有些人却迎难而上，硬是将不可能变成了可能，获得了成功。

王伦刚到一家保险公司当保险推销员时，对自己充满了信心。他甚至向经理提出不要底薪，只按保险费抽取佣金。经理答应了他的请求。开始工作后，他列出一份名单，准备去拜访一些特别而重要的客户，保险公司其他业务员都认为想要争取这些客户简直是天方夜谭。在拜访这些客户前，王伦把自己关在屋里，站在镜子前对自己说："在本月底，这名单上的客户将向我购买保险。"之后，他怀着坚定的信心去拜访客户。在争取所谓的"不可能的"客户的第一天，他以自己的努力和智慧谈成了交易；过了几天，他又成交了两笔交易；到第一个月的月底，名单上的公务员客户只有一个还没买他的保险。尽管取得了令人意想不到的成绩，但王伦依然锲而不舍，坚持要把最后一个客户也争取过来。第二个月，王伦仍没有去发掘新的客户，每天早晨，那个拒绝买他保险的公务员一出门，他就上前劝说这个公务员买保险。而每一次，这位公务员都回答说："不！"但王伦都假装没听到，然后继续前去拜访。到那个月的最后一天，那位对王伦连着说"不"的公务员口气缓和了些，他对王伦说："你已经浪费一个多月的时间来请求我买你的保险了，我现在想了解的是，你为何要坚持这样做？"王伦回答道："我并没有浪费时间，我在学习，而你就是我的老师，我一直在训练自己在逆境中不轻言放弃的坚持精神。"那位公务员点点头，接着对王伦说："我也要向你承认，我也等于在学习。你已经教会了我持之以恒、坚持到底这一课，对我来说，这比金钱更有价值，为了向你表示我的感激，我要买你的一个保险，当作我付给你的学费。"

王伦凭着自己在挫折中的执行能力完美地达到了目标。而在生活和事业中，大多数人往往因为缺少这种精神而和成功失之交臂。像参加马拉松赛跑，最初参加竞赛的人可以说是成百上千，但是最终所欠缺的往往只是坚定不移的意志。即使失败了，只要紧紧盯着目标，最终也不会倒下去。即使倒下，也要爬起来继续往前走。

[尽责是执行力的身份证]

每个人来到这个世界上，都承担着一定的责任。有报效国家的责任，有奉献社会的责任，有赡养父母的责任，有养育子女的责任，有忠诚朋友的责任，当然更重要的是对工作的责任。这些责任是别人替代不了的，是我们每个人一定要承担的，是没办法推卸的。越能够承担责任，特别是大的责任，你的能力就越被别人认可。

1989年12月20日凌晨1时，位于巴拿马城西南的里奥阿托镇万籁俱静。该镇旁边驻扎着巴拿马国防军第6和第7步兵连。自12月16日巴军击毙美国海军陆战队军官以来，巴军和驻巴美军之间关系紧张，剑拔弩张，随时都可能爆发战争。经过几天的紧张对峙之后，巴军的警惕已有所松懈，此时已进入甜蜜的梦乡。就在这看似平静的时刻，隐蔽在美国内华达州海军基地的100名海豹突击队队员悄悄搭载军舰开往巴拿马城。到达城市海岸线时，军舰降下汽艇，100名海豹突击队队员登陆海滩，并潜入城市机场。一场激战后，海豹突击队队员击毁巴拿马总统座机，断绝了其逃跑之路。之后，美国陆军主力各军种杀到。海豹突击队队员配合主力各军种歼灭巴军主力，巴总统诺列加逃亡到梵蒂冈使馆。海豹突击队队员继续追至使馆并实施包围。最后，总统诺列加走出使馆向海豹突击队投降。这场战役之后，海豹突击队队员回答记者采访时说："敌人首脑就算逃往月球，海豹队员一样能够将其抓获，完成任务，尽到责任。"

"非典"肆虐时，全部的白衣天使都挺身而上，尽管她们了解，这意味着可能永远都下不来了，但是没有人愿意在关键时刻退缩，一些年纪轻轻的护士甚至因为自己被撤换下来而痛哭，她们说："这个时候退出，放弃自己的责任，让我觉得自己像个逃兵。"她们有亲人，她们也有爱，但是为了更多人的生命，为了担当起白衣天使的责任，她们仍选择了毫不犹豫地冲上前，这就是责任在一个人身上的分量。试想，如果白衣天使在这个时候不担当起自己的责任，没有勇敢地冲上前去，那么，我们的生命将会受到怎样的威胁？而当她们做出承诺的那一刻，她们就是在用生命承担起责任。

不仅仅军人、白衣天使这样，那些敬业的记者不也是这样吗？无论是硝烟弥漫的战场，还是没有硝烟的现实生活，他们不也都冲在前面吗？因为他们了解，他们的责任就是把最新、最真实的新闻告诉大家，尽管他们也可能为此而倒下，但这是他们的责任，责任重于泰山。

还有那些在自己的职位上脚踏实地工作的人也是如此，他们始终不忘自己的责任。你可能是一名普通的员工，你做的工作可能是生产一个齿轮，但是你的责任就是把它做得更好、更完美，因为只有你做得好，才会生产出更好的机器。你可能就是一个商场的服务员，你的责任就是用你最好的服务让顾客满意，因为只有你做得好，顾客才会愿意来，才会忠诚于你的企业，你的企业才会不断地发展。一个企业管理者说："如果你能真正地钉好一枚纽扣，这应该比你缝制出一件粗制的衣服更有价值。"忠诚负责地对待自己的工作，无论自己的工作是什么，重要的是你是否做好了你的工作。事实上，只有那些能够勇于承担责任的人，才有可能被赋予更多的使命，才有资格获得更大的荣誉。一个缺乏责任感的人，或者一个不负责任的人，首先失去的是社会对自己的基本认可，其次失去了别人对自己的信任与尊重，甚至也失去了自信和尊严。立命之本让我们清醒地意识到自己的责任，并勇敢地扛起它，无论对于自己还是对于社会都将是问心无愧的。人可以不伟大，人也可以清贫，但我们不可以没有责任。任何时候，我们不能放弃肩上的责任，扛着它，就是扛着自己生命的信念。责任让人坚强，责任让人勇敢，责任也让人了解关怀和理解。因为我们对别人负有责任的同时，别人也在为我们承担责任。无论你所做的是什么样的工作，只要你能认真地勇敢地担负起责任，你所做的就是有价值的，你就会获得尊重和敬意。一些责任担当起来很难，一些却很容易，无论难与易，不在于工作的类别，而在于做事的人。只要你想，你愿意，你就会做得很好。这个世界上的所有人都是相依为命的，所有人共同努力，郑重地担当起自己的责任，才会有生活的宁静和美好。任何一个人懈怠了自己的责任，都会给别人带来不便和麻烦，甚至是生命的威胁。

我们的家庭需要责任，因为责任让家庭充满爱。我们的社会需要责任，因为责任能够让社会平安、稳健地发展。我们的企业需要责任，因为责任让企业更有凝聚力、战斗力和竞争力。责任是付出，责任是勇气，责任是挑战一切的决心。

谁赋予我们责任？为什么我们一定要承担责任？如果你是社会上的一个个体，你就有着不可推卸的责任，对父母的、儿女的、朋友的、爱人的、社会的、工作的责任，总之，我们从有认知开始就有很多责任。天赋责任，所以我们没有理由推卸。对责任的推卸，只能是对我们所爱的人的一种伤害。坚守责任，则是守住生命最高的价值，守住人性的伟大和光辉。

有这样一个真实的故事：父母带着可爱的孩子去游玩，一切都是喜气洋洋的，一切都是幸福美好的。然而他们不了解，灾难正向他们一步步地逼近。他们为了更好地欣赏风光，就一起坐上了观光的高空缆车观看景色，当时的风景真是美不胜收，孩子和父母都高兴极了。突然间，缆车从高空坠下。所有在场的人瞬间意识到，灾难来了。没有人会认为缆车里还会有人生还，因为缆车距离地面太高了。然而，营救人员却带回了他们的孩子，看起来只有两三岁大。其中，一位营救人员说："缆车坠落时，是他的父母将他托起，他的父母用自己的身躯阻挡了缆车坠落时致命的撞击，这一挡就真将死亡挡在了身下，孩子得救了。"在场的所有人都为之肃然，他们不只是感动而且震撼，这就是父母，在生命的最后一刻，仍旧没有忘记保护孩子的责任。在最危难的瞬间，父母用自己的双肩托起了孩子生命重生的起点。这就是责任，这也是我们需要责任的理由。爱是责任，责任是爱。亲情缔造的责任让我们感动，友情链接的责任让我们幸福，爱情构筑的责任让我们忠诚。所以我们不能推卸责任，推卸责任就意味着伤害了我们的至亲至爱。那么员工和企业之间的责任呢？难道员工和企业之间仅仅是利益的关系？不是的，因为一个人工作不仅仅为了钱，为了生存，工作还是人的一种需要，是人在寻找个体价值的一种选择。工作和事业满足了人自我实现的需要，而这是人的最高需要。人需要认同感和满足感，工作满足了人的这种需要。所以，我们不能推卸责任，推卸责任就意味着我们失去了实现自己价值的机会。天赋责任，我们没有理由推卸责任，推卸责任就意味着我们对自己的良心犯罪。

尽职尽责的最佳代言人就是给加西亚将军送信的安德鲁·罗文中尉。这个被授予勇士勋章的中尉，他最宝贵的财富并不是他卓越的军事才能，而是他优秀的个人品质。多年前，美西战争即将爆发，为了争取战场上的主动，美国总统麦金莱急需一名合适的送信人，把信送给古巴的加西亚将军。军事情报局推荐了安德鲁·罗文。罗文接到这封信之后，没有提出任何完成任务的困难，孤身一人出发了。整个过程是艰难而又危险的，罗文中尉凭借自己的勇敢和忠诚，历经千辛万苦，冲出敌人的包围圈，把信送给了加西亚将军，一个掌握着军事行动决定性力量的人。罗文中尉最终赢得成功的最重要的东西并不是他的军事才能，而是他在完成任务过程中所表现出的勇敢、忠诚和责任。罗文中尉让今天的领导者意识到这样一个问题：一名员工究竟能不能完成任务并不在于他有多么杰出的能力，也不在于他有多高的智慧，而在于他是否具备了优秀的个人品质和良好的道德品格。

在今天，送信的意义已经被延伸，它泛指一切任务，送信人就是执行任务的人，能否把信送到，就是能否完成任务。所以，领导者们都在为自己的企业寻找像安德鲁·罗文一样的送信人。因为，只有像安德鲁·罗文一样的人才能够不讲任何条件，没有任何废话，也不需要问一大堆问题，他们会接受任务，然后凭借自己的忠诚、敬业，最终完成领导者交给的任务，即使他们面临严重的困难，或者层层阻隔，这都不重要，因为他们只想完成任务，他们了解领导者要的就是结果，而不是其他什么。没有完成任务就是一个送信人最大的失职和不负责任。

多走一步，天壤之别

"9·11"事件后，美国以反恐为名相继发动了阿富汗战争和伊拉克战争。随后近10年来，有关本·拉登的去向扑朔迷离，美国对此如芒在背。

奥巴马就任美国总统后不久，就曾命令美国中央情报局将击毙或者抓捕本·拉登作为打击"基地"组织的首要任务。2010年8月，美国情报部门已获悉有关本·拉登的线索。据不愿透露姓名的美方高官介绍，根据被美国羁押者的供述，美国情报机构已经认定本·拉登对一名信使格外信任，并相信这名信使与本·拉登躲藏在一起。11月，美国情报机构发现这名信使住在巴基斯坦北部城市阿伯塔巴德一处占地300多平方米的院落内。这个院落墙高5.5米，墙头装着有倒刺的铁丝网。大院有两个安全门，但大院内的房间里既没有电话也没有互联网。美国中央情报局分析人员认定，这处耗资100万美元"定制"的院落内一定隐藏着一个重要的恐怖分子。在进行反复推断后，他们几乎肯定隐藏其中的就是本·拉登。

阿伯塔巴德四面环山，植被茂盛，道路整洁，是巴基斯坦北部军事重镇。美国一直说，本·拉登最可能隐藏在阿富汗与巴基斯坦交界的大山里。但谁也没有想到，自从2001年年底在美军眼皮底下从阿富汗东部托拉博拉山区消失以后，本·拉登最终转移到距伊斯兰堡不足100公里的阿伯塔巴德。美国总统奥巴马在获知本·拉登就在这处院落的确切情报后，于2011年4月30日下令实施突袭行动。5月1日清晨，美国中央情报局准军事部队与美国海军精锐部队第六海豹突击队乘坐直升机联手执行了此次突袭任务，本·拉登头部中弹当场死亡。

或许，成功与失败仅仅就相差一步。多走一步就是成功，你多走了吗？很多人总是认为凡人与精英的差别是命中注定的，精英的成功对凡人来说是多么的遥不可及呀。其实这是非常错误的观点。比如，你在纸上画直线，如果你稍微把笔往上面抬一下，开始真的是一点也看不出来，但是随着你越画越多，你会惊讶地发现，越往后，你画的直线与开始准备画的直线相斜越大，最后整条线会成为一条斜线。但如果你稍微把笔再往下斜一点，继续画，你会发现你画的最终会交会于原来的直线。真的，成功与失败可能相差的就是这样一点点。

《后汉书》记载："东汉和帝永元九年，都护班超遣甘英使大秦，抵条支。临大海欲度，而安息西界船人谓英曰：'海水广大，往来者逢善风三月乃得度，若遇迟风，亦有二岁者，故入海人皆赍三岁粮。海中善使人思土恋慕，数有死亡者。'英闻之乃止。"安息国是汉朝与大秦交易的中转点，将汉朝的丝与丝织品与大秦交易，从中获取垄断的暴利。也许是考虑到若汉朝直接开通了与大秦的商路会损害其垄断利益，于是安息人没有向甘英提供更直接的经叙利亚的陆路，而是备陈渡海的艰难："海水广大，往来者逢善风三月乃得度，若遇迟风，亦有二岁者，故入海人皆赍三岁粮。"又以传说渲染海上航行的恐怖："海中善使人思土恋慕，数有死亡者。"此语一出，即使甘英也在西海却步返还，最终未能到达大秦。

甘英出身于内陆，回国后甚至报告海水不可饮用："途经大海，海水咸苦不可食。"（《晋书》）也许正是因为对海上航行知之甚少，甘英才相信了安息船人对航海危险的夸张描述，止步于安息。

大家了解，如果一千多年前，甘英多走了一步，东西方的交流将大大提前。海上丝绸之路也将由中国控制，我国可能早于西方进入现代文明。因此，就是没有多走一步，造成了中国孤立于世界一千多年，直至被西方的坚船利炮所打败，这看似小小的一步却左右了中国的历史。

有一天，俄罗斯的著名作家克雷洛夫正在大街上行走，一个年纪轻轻的农民拦住他，向他兜售苹果："先生，请你买些果子吧，但我要告诉你，这筐果子有点酸，因为这是我第一次学种果树。"年纪轻轻的农民很笨拙地说着。克雷洛夫对这个憨厚、诚实的农民产生好感，于是买了几个果子，然后说："小伙子，别灰心，只要努力，以后种的果子就会慢慢地甜起来了，因为我种的第一个果子也是酸的。"农民听了之后很高兴，问："你也种过果树？"克雷洛夫笑着解释说："我的第一个果子是我写的《用咖啡渣占卜的女人》，可是这个剧本直到现在也没有一个剧院愿意上演。"与克雷洛夫的写作命运相近，海明威最初寄出的几十个短篇全部被退了回来；莫泊桑直到三十岁才发表第一篇作品。其实，第一个果实常常是酸的，这在生活中是一个普遍现象。曾被纽约世界美术协会推举为当代第一大画家的张大千先生，博采众长，独成一家，绘画技艺高超。他的许多代表作，都被世界各国的美术家们公认为世界美术宝库中的珍品。然而鲜为人知的是，他第一次成功的画作卖出后仅换得80个铜板。在当时，80个铜板只能买2斤腊肉。张大千第一次创作并未给他带来丰厚的报酬，但他并未因此而放弃追求成功的决心和努力。英国作家萧伯纳在初学写作之时，给自己规定每日一定要完成5页稿子的写作任务。就这样苦苦写了4年，总共才得到30英镑的稿费。但萧伯纳并未因此而灰心丧气，而是鼓起勇气继续写作。又这样苦苦写了4年，陆续写出了5部长篇小说，先后向60多家出版社投稿，全部遭到无情的拒绝。在退稿信上，一些编辑甚至直言不讳地说他根本不是写作的材料，并劝他放弃自己的写作生涯。但萧伯纳仍然坚持，坚持每天写一定数量的文章。又继续这样苦苦写了4年，天道酬勤，他终于成为英国20世纪最伟大的作家之一。

多走一步就是天堂，可能我们差的就是这一步而已，心态上自信多一步、积极多一步、执着多一步、乐观多一步；在规划上新奇多一步、变化多一步、展望多一步；在行为上聆听多一步、观察多一步、表达多一步、思考多一步；在实干上胆略多一步、创新多一步、尝试多一步。这众多地方的多一步，就是20%的成功者与80%的失败者的一步之遥。

我们每个人都知道，拖延时间的确是一种不正确的行为，然而却很少有人能够说他自己从不拖延时间。这本身就是一种无可奈何。事实上，对大多数人来讲，拖延时间不过是让自己避免投身现实生活而采取的一种手段。

造成拖延恶习的原因有很多，其中的主要原因是缺乏信心，缺乏责任感、安全感，害怕失败，或无法面对一些具有威胁性的、艰难的事。潜意识也是导致人们拖延的因素。人们往往知道该做些什么事情，但原因不明，就无法去做。有的时候是因为某些潜意识的恐惧，拖住了行动的脚步。

不管做什么事，只要放弃了，就没有成功的机会。不放弃就会一直拥有成功的希望。如果你有99%想要成功的欲望，却有1%想要放弃的念头，那么是没有办法成功的。

"锲而舍之，朽木不折；锲而不舍，金石可镂。"成功，往往就在于失败之后再坚持一下的努力之中。

在这个浮躁的社会中，有些清贫的人却可以"采菊东篱下，悠然见南山""叫化子玩鹦哥——苦中欢乐"，这就是一种心态。拥有这种心态的人，他们正在走向成功，正在收获快乐的果实。成功的人生不一定就是获得那些物质或权位上的发达。物质或权位等等，其实只是获得快乐人生的一些工具与陪衬。快乐是一种心态，一种情绪。这种心态和情绪与挫折和失败无关。如果天下的人们，用鲜花铺满自己心灵的春天，用快乐填充自己的平常生活，一个脚印接着一个脚印地走，那么每一个脚印都是一首成功的歌！

大的时代给每个人伟大的机会！你的命运掌握在你的手中！淋漓尽致地弘扬你的生命吧！因为这个世界上只有一个你！你在这个世界上只走一回！为什么要怕丢脸？人死了以后不过是一堆灰，脸面又算得了什么呢？丢脸是多么珍贵的人生体验：正是因为丢脸，你学到了最难学到的知识和经验；正是因为丢脸，你获得了实力的迅速成长和人格的全面锻炼。亲爱的朋友们，感激所有给你机会丢脸的人，抓住每一个丢脸的机会！请让我丢脸吧！

追求结果也要注重过程

当今世界，各个企业家都有自己的管理方式，各有一套方案。可是这些方案在开始时不相伯仲，之后却逐渐显现出巨大的差异，有的企业因此走向灭亡，而有的企业却可以在行业内独占鳌头，为什么呢？经过很多的分析和调查，人们发现这种差距的来源在于对于方案实施过程的重视程度。

不得不说，在全球化经济和市场化经济的巨大压力下，许多管理者的思想依然处在一个比较落后的状态，一味地注重结果而从不关注过程，导致在过程中问题多多，结果令人大失所望，同时也给企业员工带来了巨大的心理负担。所以，我们现在提出新口号，追求结果也要注重过程。

注重"过程"的实施，这并不是空口白话，一个工作从大的计划到具体的过程实施，一点点落到实处，细化到环节，是一个极其复杂的过程，要真正做好这一点也是颇有难度的。说到对过程的重视，我们不得不提到日本企业，这一个国家的企业对于过程的管理一丝不苟，近乎苛刻，他们对于过程的执着往往是以小数点后几位或者时间上细致到秒的精确来体现的，与我们国内的多数企业不同，他们对于结果的关注程度远远不及过程，因为在他们心中深深地觉得过程的质量必然会导向对应的结果，所以他们更愿意从源头抓起。于是，我们很明显地发现：日本的世界级企业比我们中国要多很多。

没有过程怎么会有结果，我们常常教育别人："结果并不重要，我们应当更注重过程的意义。"可是到了落实的时候就完全不是这么一回事了。事实上，我们每个人都是活在过程之中，虽然好的过程不一定有好的结果，但是正如马云说的那样，"没有精彩的过程一定没有好结果。"所以，过程很重要！

德国的"奔驰"和"宝马"，众所周知，不仅做工华丽精美，质量也是首屈一指的，经久耐用。可是，在这精致的表象背后，"奔驰"和"宝马"也付出了巨大的心血。德意志日耳曼民族员工通常表现出强大的基本素质，他们同样对结果有所要求，但却在每个细节上都力求完美。不是简单的，如许多人表现得那样只是要求差不多即可，而是绝对的精确，并且保证其实用性。这样的制作过程决不能说是很快的，但是每一辆出场的车都尽可能地做到了尽善尽美。这种对于过程的专注也同样表现在许多成功企业上。可以这样说，一个只注重结果不注重过程的企业无所谓成功，而成功的企业必然是在注重过程的基础上再注重结果。

中海壳牌，作为国内著名的石化企业，其南海石化项目是目前国内最大的中外合资项目。有人说，直到在中海壳牌工作之后，我才真正体会到什么是真正的完美，优质的产品又是怎样生产出来的。

在这里，追求工作完美是一名员工必备的品质美德，或者更多的是一种习惯。这里的员工有时对完美的追求可以说达到了一种近乎苛刻的地步，而这种苛刻的追求又是以对于每一个细节的要求来体现的。可以说，员工们对于细节的追求，使他们对于过程的重要性有更深的理解。一件工作的完美并非只注重整体，细节也同样重要：这是壳牌用来教育其员工的一句话，也正是从这样的一句话中我们看到了这家企业对于过程的重要性的理解。

茂名石化重力机械制造有限公司，一家国内知名的化工设备制造厂商，在完成中海壳牌乙烯裂解炉的对流段炉管的制造任务后，其总经理陈宗强无限感慨地说："国内的乙烯项目的裂解炉的对流段炉管80%是由我公司制造的，但是如此高精确度的制造要求，我们还是第一次遇到。在整个制造过程中，壳牌对每个环节都要认真检查，每个细节都力求完美，这种态度令人折服，我们的员工也被感染了。通过此次合作，虽然我们的厂房还是原来的厂房，设备还是原来的设备，但人却已不是原来的人了，这是我们最大的收获。"

壳牌最大的成功之处，可以说是它并非将这种对过程的重视强加给员工，而是感染他们，在他们心中形成这种精神，使之变成一种企业文化。这股强大的企业文化在不断的运作过程中被巩固，并且对其内部人员甚至周围的与之接触的人员产生巨大的影响。

实际上，不只有一家企业，对于壳牌的这种精神发出赞叹的声音，与其有过业务合作的其他企业，都对他们这种精确到每一细节的过程处理有着深刻的印象。这些企业中，还不乏许多的外国企业，曾参与中海壳牌南海石化项目建设的中国石化工程公司项目经理曼先生曾感叹："项目开始时，我对壳牌知之甚少，现在我才认识到，壳牌是很有竞争力的企业，它的工作做得太完美了！"

过程的完美使一家企业具有强大的竞争力和在市场经济中屹立不倒的根基。当然，我们并不是说结果就不重要了，一切过程必然导向一个甚至多个结果。我们当然要注重这个结果，但是这种注重必然要建立在对过程的注重之上。其实，如果过程很精彩，很完美，那么只要方向不错，结果从长远的角度来看，则很难是一个坏结果。可就算是一个坏结果，在得到这个坏结果的过程中人们往往也会有所收获，经验、团队精神或者其他一些更珍贵的东西。这之中的得与失并不是简简单单就可以被结果评判的。

现在人们往往对工作做一个绩效考核，就这个考核也出现了许多争论，究竟是考核结果还是考核过程，这是一个问题。于是人们在经过长期的争辩和时间之后发现，如果仅仅只考核结果，中间环节不加理会，那么最终的产品合格率或者其他要求往往不能得到满足，很多时候，企业只能降价处理或者甚至更多地销毁产品重新制作。可见过程是一定要考核的，但不是全面的考核，而是从一些关键的控制点着手。将这些点控制好了，那么结果自然也会好转。所以，控制了过程就等于控制了结果。

说这么多，其实只是讲了一个问题，就是在我们注重结果的时候也要注意过程，只有双方面都得到满足，企业才能成为真正的赢家。

第二章

造就英才，培训满足需要的员工

很多时候，一个团队所需要的不仅是物质方面的，更多是精神方面的契合。一个拥有良好核心价值观的团队，一个对所从事事业有着浓厚兴趣且无限忠诚的团队，能够鼓舞成员的信心，激发每一个人的潜力，使他们能够在同一个岗位上不厌倦地坚持奋斗下去。

培养员工的核心价值观

随着科技经济的发展，人们越来越意识到员工是一个企业的灵魂。然而，事实是无论任何企业，它在开始得到一个人才的时候，都不可能完全地符合它本身的需求，于是对于员工的培养成为一个企业存活至关重要的一部分，如何让一个大众性人才变身为公司的专属人才，核心价值观的培养是重中之重。

提起核心价值观，并非一个抽象或者形而上的东西，作为一个简单的哲学概念，吉姆柯·林斯曾这样描述："核心价值观是公司的精神和持久的原则——不需要外部调整的永恒指导原则，它对于公司内部的人拥有固有的价值和意义。"

一个企业核心价值观的建立一般开始于企业家，因此企业家对企业价值观的影响十分重大。核心价值观是要解决企业为谁而存在的问题，或者说是公司存在的价值。为什么有的企业可以一直成功，而有的企业却只能在很短的时间里辉煌？思考的结果往往是这样，一个企业的运转，刚开始时人们的极大热情往往可以起到巨大的推动作用，可是激情过后伴随而来的冷却也往往导致了事业的冷却，而避免的方式之一则是使人们能坚持做自己不喜欢甚至不愿意做的事情，而令他们坚持的理由就是他们的价值观。

我们中国第一汽车集团公司（以下简称一汽）曾经定下过"第一汽车，第一伙伴"的核心价值观。对于一个拥有32家全资子公司、17家控股公司，总员工约13.37万人的公司，它的生存问题必然是一个巨大的难题。而解决生存问题最根本的是使它的每一分子都愿意与这个企业一并奋斗。显然，一汽在这方面做出了种种努力，所以我们可以从种种数据中发现在"十五"期间，一汽仍然高速发展，与"九五"比较，资产总额从547.6亿元提高到1087.6亿元，年汽车销量也从150万辆提高到399.6万辆。2006年，一汽居"中国机械500强"首位，排名汽车行业第一，是"世界最大500家公司"之一。那么在这些数据背后，一汽究竟做出了怎样的努力，采取了怎样的政策呢？

企业文化尤其是核心价值观的建设始终被一汽看作生存与长远发展的一股核心竞争力。以第一汽车为核心价值观主要内容的企业文化的推出，标志着一汽的文化建设步入了一个新时期。一汽颁布实施了第一汽车视觉识别系统，建成了第一汽车雕塑等地标物，力图在企业内外营造一个第一汽车的文化氛围。

核心价值观的培养有助于一个企业习惯的养成，而习惯往往决定成败。从企业文化建设的角度讲，如果能使企业价值观在企业经营发展过程中得以真正渗透，并在广大员工的意识中内化，那么它便可以外化为员工的具体行为、习惯，固化为规划和制度。企业的核心价值观作为一个企业思想上的指引，明确告诉企业员工该做什么、怎样做，不该做什么、为什么。它是对企业员工思想上的一种潜移默化的控制，以此形成统一的集体行为，保障各项工作围绕企业目标有效运作。然而如何才能构建起与企业文化相一致的核心价值观呢？最关键的是从思想层面解决和认识问题，提高企业员工的责任意识。把创新的思想赋予他们，让他们敢于去想，勇于去做，同时培养乐观向上的精神，不断地开拓进取，并且深刻了解自身与企业存亡之间的千丝万缕的关系，使个人行为与企业行为统一起来，自觉遵从企业制度规定，变外在约束为内在约束。

企业生存在最开始或许是靠领导或者制度，但长时间的持续则必须是靠习惯，而最本质的则是依靠企业的核心价值观。如何贯彻落实企业价值观，关键在于如何结合工作实际，富有创造性地贯彻落实，使核心价值观不再是一纸空话，而是能够渗透于企业生产经营及管理的整个过程，融入企业员工的日常行为规范中。

因此，为了发挥核心价值观的指导作用，在员工的心灵深处形成"第一汽车，第一伙伴"的习惯，一汽进行了系列核心理念的培育，并且着力使之由员工的眼耳渗透入心灵深处。

第一，公司编印了超过13万册口袋书版式的《第一汽车，第一伙伴》读本；同时运用各种传媒技术编辑制作了《我爱第一汽车》音像专题片，印刷了《一汽人的信念》卡片，甚至不惜耗费大量资金拍摄了《跨越50》电视片。这种宣传使公司成员或多或少地了解了企业的核心价值理念，并且逐步对其产生亲近感，并且最终接受它。

第二，加强骨干培训。一汽会时常举办由主要企业党政领导、党群部长、宣传干事参加的核心理念内涵研读班，并且组织各种培训班，把核心价值观的传承作为一汽新人们必不可少的一课。这种培训方式使企业的领导层面更加精英化，并且与企业更加契合。确实，如果一个企业的领导层都不能充分理解企业的核心价值观，那么又如何对一般员工进行调配和使用呢？

第三，营造舆论氛围。骨干的培训固然重要，但是毕竟只是少部分人的思想，为了全方位地把握大部分人的思想，一汽充分发挥自身媒体的整合优势，将一汽的核心价值观带入一汽成员的工作场所，甚至是食堂等生活场所。我们可以在各种地方看到一汽精心制作的核心理念招贴画。他们以《年报》《年鉴》《一汽文化丛书》等杂志媒体为平台，扩大对企业员工的思想影响，并且组织各种形式的座谈对话活动，加强企业员工对核心理念认知的影响力。

有特色的是，一汽每年会结合企业中心工作要求选择一个题目，进行精心策划，开展系列主题教育活动。譬如2002年，面对"入世"的挑战和国内市场国际化带来的观念碰撞，一汽开展了"用户在我心中'4W'主题教育"活动；2003年，一汽建厂50周年并开展了与此相关的"我与一汽同行"主题教育活动；2004年，在"三化"新一汽战略的起步之际，开展了"我为'三化'做了什么"的主题教育活动；2005年，企业在面对市场严酷竞争的形势下，开展了"迎挑战、共抗争"主题教育活动。通过这些活动，一汽缓缓却坚定地灌输给员工一种思想，即我们是第一汽车，我们与汽车为伴，我们所做的一切都密切关系着企业的存亡，在活动中帮助员工认识和接受其核心价值理念。

核心价值观的培养，必须发挥职能管理部门的作用，并且使各个部分充分地运作起来，为思想的载入提供所必备的土壤和环境。一汽曾经重建管理基础，再造管理流程，化繁为简。他们突破了过去的个人经验依赖，更加强调团队能力，强调了能力维护、共享和可持续进步。

同时一汽从不故步自封，积极学习借鉴TPS，即丰田生产方式。努力改善质量、提高效率、降低成本、增加效益。从2005年至今，一汽员工围绕效率、质量、成本等方面实施改善7248项。"引进来，走出去"，这种学习和借鉴，逐步改变了企业员工的思维和行为，使他们逐渐能在工作中发现问题，并且尽快找出解决问题的方法。

一汽从来不会被现代科技的层出不穷弄花眼，他们深知将历史的精神薪火相传是做好今天的基础。而他们的核心理念"第一汽车"，源于实践，又高于实践。它是一汽多年来历史传承的精华，也是经过不断尝试并在市场竞争中获得种种经验的凝练，是让他们在未来的汽车行业中能够立足的根本。一汽常组织员工观看历史记录片，并请一汽的老前辈讲述一汽自创办以来的成长史，制作有关一汽核心价值观的幻灯片，明晰一汽的来历与肩上的责任，以如此的方式，提醒着员工不忘历史才能拥有未来。

看着一汽培养员工核心价值观的种种行为，我们可以充分感受核心价值观对于一个企业的重要性。很多时候，一个团队所需要的不仅是物质方面的，更多是精神方面的契合。一个拥有良好核心价值观的团队能够鼓舞成员的信心，激发每一个人的潜力，使他们在同一个岗位上不厌倦地坚持奋斗下去，而这种坚持就是企业走向成功大门的开始。

兴趣是保持高效的动力之源

说到兴趣，世界上许多人都对兴趣做出过描述。朋友们，你们了解什么是兴趣吗？

一个人一生的成功与个人的兴趣是紧密联系的，很多诺贝尔奖得主在谈到其成功的根本原因时，强调的几乎都是兴趣。兴趣是他们开展科研工作，保持高效的动力。许多科研工作者，并不具有人们往往认为的某个科研领域的强大知识或者学历背景，然而他们依然走向了成功，这种自身的飞跃，兴趣扮演了不可替代的角色。

做有兴趣的事情才会离成功更近，获得诺贝尔物理奖的华人丁肇中说过："兴趣比天才重要。"爱因斯坦对物理学的浓厚兴趣使他提出了影响我们一个多世纪的"相对论"；化学家诺贝尔冒着生命危险研制炸药，终于取得了最后的成功。从心理学角度讲，兴趣是人的需要的心理表现，它使人对于某些事物优先给予注意，并带有积极的感情色彩。也就是说兴趣是一个人内在的一种心理倾向并且可以激励人的行为，使人长期专注于某一领域，艰苦奋斗，高效工作，取得令人瞩目的成绩。

在企业中，员工们更倾向于跟随自己的兴趣，在工作之中发挥所长，以实现自我价值。教育家乌申斯基曾言："没有任何兴趣、仅靠强迫维持的学习工作会扼杀人的热情，这种学习工作是不会维持长久的。"所以对于企业来说，保护员工们的兴趣，并有目的地引导他们积极参与企业活动，显得尤为重要。

当人在从事他所热爱的工作时，它往往能够发挥最大的效能，而且会更为迅速、更为容易，也就是所谓高效的工作。相信大家都有过类似的感受，在看自己喜爱的书时，觉得时间飞快，可以一直看很久，并且在合上书后仍然记得很多书中的内容；而在看不喜欢的书时，则觉得时间缓慢，很容易昏昏欲睡，且在合上书后发现脑海中一片空白：这就是兴趣在其中作祟。当热爱的情感进入一个人所从事的工作时，工作的质量会立即得到改观，而工作所引起的疲劳相对地大量减少，这就是兴趣的魔力。

历史上几位最著名的广告大师们在谈起他们的工作时说：

——"从那时候开始，我不曾知道时间为何物。我是如此的专注，而且始终保持高度的兴趣，因此我连时间都忘了。"

——"我一直觉得很幸运，有人创造了广告这一行，让我有如鱼得水之感。"

——"如果一个人不能认同他的职业，不能从职业中获得快乐的话，他是不可能成功的。"

其中一位还在他女儿谈到工作的选择时总是说："应该找一份自己喜爱的工作，到一个从来不会知道时间为何物的地方去。"

爱默生说："缺乏热忱，难以成大事。"这句话是可以借鉴的，工作不仅仅是物质保障，更应该是其与成就感的满足和自我价值的实现的统一。很多人曾经认为一个人是否成功与其才能是成正比的，但后来发现与其说是才能，不如说是取决于人的热忱。《论语》有言："知之者不如好之者，好之者不如乐之者。"拥有热忱首先从发现兴趣出发，即"知之者不如好之者"。日本学者本村久一在《早期教育与天才》中说了一段颇有深意的话："天才人物指的是有毅力的人、勤奋的人、入迷的人和忘我的人。但是，千万不要忘记：毅力、勤奋、入迷和忘我的出发点实际上在于兴趣。有了强烈的兴趣自然会入迷，入了迷自然会勤奋、有毅力，最终达到忘我。因此，我特别想说的是天才就是强烈兴趣和顽强入迷。"

有兴趣，我们才能充分发挥自己的想象力和创造力，不知疲倦、不计较回报地投入到工作中。通过观察很多成功者都有一个特点：他们都近乎痴迷地投入自己的工作中，可以废寝忘食，而当你问起为什么如此投入、如此努力、如此辛苦地工作时，他们往往无法给出答案，只是笑笑，然后愣愣地说："哦，没什么，我就是喜欢啊。"

说到这里，你是不是已经为兴趣的强大力量所折服了呢？确实，兴趣是保持高效工作的动力之源，可在实际情况中，大多数人找不到自己的兴趣所在。并非是他们没有兴趣，而是没有意识到自己的兴趣究竟是什么。

那么企业如何找到或者是培养员工的兴趣呢？

首先应该做的就是帮助员工认识自己，了解自己适合怎样的角色。当然，认识自己，也是需要一个过程的。古罗马大诗人兼哲学家塞尼加说："除非尝试，否则没有人知道自己究竟能够做什么。"所以在确定自己的兴趣之前，企业应当鼓励人们进行广泛的尝试。一旦发现他们的选择出现了错误，就应当鼓励他们勇敢地去做其他尝试而不是盲目或者懦弱地坚持下去，因为在错误的路上走下去，最后得到的结果一定不是他想要的东西。

微软亚洲研究院的那些堪称世界一流的专家证明，他们人生之旅上的转折，都是得益于找到了能够让自己废寝忘食的兴趣或爱好，并且能够在这件想做且适合自己的事情上，投入全部精力和热情。他们当中有80%的人在中学和大学里就有自己广泛的爱好，他们用于课本知识和做习题的时间，大大低于同学的平均值。

那么员工们可以通过问自己几个小问题来发现自己的兴趣：我这一生究竟最想要什么？做什么可以让我得到想要的？什么事情我愿意不计较回报地

去做？即使是需要花费一生一世的时间？你在思考这些问题的答案时，先不要去想自己是否做得到或者做得好，而要想想如果你在这里放弃它，你是不是会后悔。

所谓的"天才"们，会把兴趣看得比什么都重要。兴趣使他们快乐，并且赋予他们高效工作的力量。比尔·盖茨在上中学时就热衷于电脑和软件设计。他花了大量的时间去学习和研究，在哈佛法学院读书时，仍然是念念不忘软件，常在计算机房里一待便待到半夜。终于他离开了学校，创办了自己的软件公司。因为他很清楚一个人如果想要成功，就一定要做自己喜欢的事业，这样才可能在这条道路上坚持下去，所以他毅然决定放弃人们羡慕的律师前程，全力以赴投身于自己喜爱的软件事业。

同样的也是在微软这一领域，苹果公司在其创业初期，员工们每周的工作时间超过80小时或90小时，这种狂热的工作情绪并不是出于公司的强制性规定，而是来源于工作本身的乐趣与挑战性，员工们为了自己的兴趣而不断努力，高效工作，最终将苹果公司推上了微软世界的王座。

那么如果员工们仍然无法顺利找到自己的兴趣，企业就应当开始做另外一件事情，即激发兴趣。兴趣的激发并不是盲目的，它有自己的原则。

1. 幸福原则。

让员工在工作之中感受到幸福，这来源于工作本身的魅力，与同事之间的关系处理，与上级之间的友好相处。有时候员工的工作幸福感较低，既是源于对领导管理方式的不满，也是由于高强度的工作要求所带来的压力等，所以企业应当调整好几者的关系，为员工兴趣的激发构建良好环境。

2. 引导原则。

兴趣作为员工内在的心理倾向，是不可能在束缚和强制的环境下得到发展的，正如德鲁克认为的："员工不能由别人激励，只能由自己来激励；不能由别人来指挥，只能由自己来指挥；尤其是不能由别人来监督，而只能自己来保证自己的标准、成绩、目标。"由于员工们的兴趣是各式各样的，所以领导们应当对员工的兴趣进行一定的引导，使之集中起来，尽量与公司整体的奋斗目标相结合。

3. 尊重原则。

尊重激励是最基本的培养兴趣的方式之一。范佛里特曾说过："受人重视、得到赏识、引起注意的愿望是一个人最强大、最原始的动力之一。"尊重员工不仅仅是尊重他们的工作表现，更是要尊重他们在兴趣的引导下能力的发挥。

4. 适当的工作流动——从"鼹鼠"到"螺丝钉"。

不可否认，部分员工并不了解自身的真正兴趣，所以企业应当有规律地进行恰当的岗位轮换，帮助员工寻找到自身兴趣所在。这样多样的工作岗位可以充分地调动员工的兴致，也是发掘真正兴趣的必要方式。

人有了兴趣，就可以开心工作、幸福工作；有了兴趣，就可以不知疲倦废寝忘食；有了兴趣，能力知识就可以得到充分的运用发展……如果员工始终都在做自己喜欢的事情，即使现在还不能做得很好，但他在这个岗位上一定能坚持下去，只要假以时日，一定会有所成就。那么这时，企业距离成功也就不远了。

培养员工的忠诚

忠诚从古至今都是被人们所看重的品质，我国的传统文化中对忠诚的定义为：忠，敬也；诚，信也；忠诚，即尽职尽责，诚信专一。而在西方，对忠诚的定义则更加强调关系性或互动性。在当今社会的企业管理过程中，培养员工的忠诚度是一个不可忽视的课题。哈佛商学院教授詹姆斯·赫斯克特曾在《服务利润链》一书中指出，员工的忠诚度是企业发展、受益、最终盈利的关键因素之一。这个观点在长时间的实践中得到检验，近几年举行的"Work China最佳雇主调研"的数据告诉我们，得到员工忠诚度指数较高的企业，股东回报率几乎比忠诚度指数较低的企业高200%。

那么忠诚在现代商业环境中究竟意味着什么呢？作为一种形而上的约定，它是抽象的，简单地说它是企业老板和员工之间的一种关系：老板负责提供资源，而员工则承诺保质保量地完成工作，以达到企业的预期。在这个过程中，如果老板和员工任何一方不能够完成自己的职责，那么这种承诺就可以被看作破灭，很显然，破灭之后想再重建是十分困难的，很多情况下这种可能几乎可以等同于不可能。于是，忠诚本身的脆弱就决定了它的难以得到和难以维护。可是为什么企业，不论是名列世界五百强的全球性企业还是一个名不见经传的小企业，都对培养员工的忠诚度如此看重呢？

员工的忠诚，说起来虽然虚无缥缈，然而它发挥的作用却是不容忽视的。古时候许多贤士就有广纳门客的举动，在得到各种人才后，他们往往会采取各种举动去俘获这些门客的心,以获得这些门客忠诚,由此可见对于忠诚的重视实际上是历史悠久的。忠诚的员工可以与企业一起创造各种奇迹,并且能与企业同甘共苦,营造出一种稳定的企业文化。同时忠诚的员工往往容易满足、工作效率也比较突出。对企业领导者忠诚,员工就会对其言听计从;对自己的事业忠诚,则员工会更具责任心和意志力,而仅仅不局限于当下的得失。

那么究竟如何培养员工的忠诚度呢?有三个因素尤为重要。

首先就是要塑造好企业管理者自身的良好形象。有很多人说要获得员工的忠诚,则老板最重要。就像电视剧《亮剑》中的李云龙在向敌人进攻时往往大吼一声:"兄弟们,跟我上!"而不是"兄弟们,给我上!"这简简单单两个字的差别则反映出两种截然不同的管理态度。许多员工都表示自己更喜欢能够与之同甘共苦的领导者,而非一个指挥者。一名成功的企业领导者,塑造自身的良好形象通常不是通过做了多少大事,发表了多少的言论来决定的,而是通过各种细节——能不能承担责任,在荣辱面前敢不敢舍弃,是否真正地关心员工,等等。正所谓细节决定成败,著名的拿破仑将军,人们在议论他滑铁卢的失败时,是否知道他曾经因细节上的成功而获得士兵的忠诚。在前线巡视时,当看到修战壕的士兵艰难地推大石头上坡快要抵不住的时候,拿破仑几乎不假思索地冲上去帮士兵们一起推那块石头。他并没有指使自己的随从而是自己先行动起来,这种举动深深影响了那些在严格等级制度压迫下的士兵们,让他们感受到了拿破仑的个人魅力,也对拿破仑交出了自己的忠诚之心。

其次是注重对绩效的管理。企业在获得员工忠诚过程中的失败往往是因为不懂得"不患寡而患不均"的道理。管理者的偏私或者官僚作风,以及各种管理过程中的种种不公平,将严重影响员工对工作甚至是对企业本身的态度。当感受到自己的付出得不到回报,员工往往会选择从自己的工作中进行宣泄,无意识地降低了工作的效率,从而影响了工作质量,或者更直接导致员工选择离开这个企业。不少管理者对于自己下属的心理态度是漠视的，单纯地追求企业利益的最大化，最后人财两空。曾经有调查表明，在亚洲各国中日本企业的员工往往对企业更为忠诚，这其实并非是偶然的。日本企业为了培养员工的忠诚往往会做出很多努力。从员工正式进入企业的第一天开始，企业就开始给予他们全方位的关怀，努力为他们营造一种家庭般的温馨感，同时竭力给企业员工创造一种公平感，让他们感受到自己的付出是有回报的，只要你肯努力，一定可以得到认可。这种企业对员工的忠诚，使员工愿意以更多的忠诚来回报企业。

再次则是对员工的信任，以及令员工信任。允许员工犯错误，鼓励他们不断努力，相信他们最后可以完成企业给予他们的期望，是每一个企业家都应当具有的品质。塑造品牌的高手乔布斯对于培养员工的忠诚很有研究。而他认为成功的秘诀就是给予员工足够的信任。与此同时，不做欺骗员工的事。如果你说在员工超额完成任务后给予超出部分5‰的提成，那么你就不能只给3‰甚至不给。同时企业给予的考核必须是公平、公正的，有很多企业家并不注意这一点，而对自己的亲人或者喜好相投的员工设置"便利通道"，偏袒其中的一方而对另一方冷漠，这样一两次或许员工并不会做出什么，可是长此以往，则必然会在员工心中埋下恶果，对企业的领导者甚至整个企业逐渐失去信任。如果信任都已缺失，再来要求忠诚岂不是笑谈？

如果我们把不同的企业比作一座座桥梁，那么忠诚则是这座桥梁的桥墩。只有结实的桥墩才能够支撑起整座桥梁，在时代的洪流中屹立不倒。任何企业对员工忠诚度挑衅的行为都将会在桥墩上形成一道裂痕，最终导致整座桥梁的坍塌。所以保护好企业的桥墩吧，一点点地去加固它，终有一天你会感受到它的力量。

培养专注的手段

我们常常会从孩子们身上发现：他们不能将注意力长时间集中于一件事上，而是不由自主地从一个事物转移到另一个事物上。这种不专注的情况其实并不仅仅只存在于儿童身上，许多大人身上也有这样的习惯。而一旦养成这种行为习惯，对大人的工作、生活都有严重影响。企业的管理者们都知道，不专注的工作往往是事倍功半，于是培养员工的专注则显得十分迫切。

如何培养专注型员工呢？微软公司创始人和首席执行官比尔·盖茨曾经说过，"每天清晨起来，我们脑子里想的只有一样东西——软件，即工作性能是否可靠的软件，自然接口是否配备的软件，还有我们从用户那里得到的、有关软件要求的所有反馈信息，而这就是我们公司核心经营的全部内容。"这样一席话清楚地表达了盖茨培养员工专注的方法之一。作为一家全球性的软件制造商，微软公司在其创立20多年后深深感觉到培养员工专注的重要性。为了培养专注型员工，微软公司制订了10大优秀员工准则，其中第一条准则即要求员工对自己公司的产品抱有极大的兴趣，热爱并专注于自己的工作。于是严格遵守这一条原则，微软员工凭借其专业的知识能力以及专注的工作态度，使微软公司在整个软件世界中处于垄断地位多年不变。

培养专注的感觉是一个长期的过程，不可能一蹴而就。方法也有很多，以下仅列举一些我们常常使用且效果比较好的方法。

第一即是培养对工作的兴趣。

当我们对于一个事情有浓厚的兴趣，那么就会有强迫自己坚持这件事情的内在动力，这种动力可以使人不怕吵闹，不怕累，不畏惧环境的艰辛。那么如何培养对工作的兴趣呢？简单来说就是热爱你的工作，发现它本身的乐趣以及可以吸引你的地方。每天和自己说我爱自己的工作，它很有趣，通过心理暗示的方法在心中形成对工作的好感，从而产生兴趣。或者还有很多别的方式，可以在休息时让自己放松下来，然后一旦开始做事情，则迅速集中自己的精神，如此一放一收，时间由短到长，一段时间坚持下来，你就会发现自己的专注程度真的得到了显著提高。

第二即是设定适当的目标。

目标往往具有强大的吸引力，可以让人朝着一个方向奋进。在工作时给自己设定一个个小目标，努力在规定时间内完成这些小目标，这本身就是对自身专注度的一个考验。这种向着目标执着的习惯并不是一蹴而就的，必须要在不断有意识的训练中来完成。给自己设定一个目标，然后给自己暗示，告诉自己不论现在发生什么，我都要不受干扰地去完成我的目标，这非常重要。学会在需要的时候使自己专注起来，是一个人走向成功的基本品质。

第三即是善于排除外界影响。

我们都曾经听过毛泽东年轻时为培养自己专注程度在城门洞、集市上读书的故事，也知道爱迪生在拥挤的火车上仍然旁若无人地做自己小实验的故事。这些成功者为了培养自己专注的能力，往往会选择熙熙攘攘的环境，并且让自己可以在这样的环境中继续保持专注。这种排除外界影响的能力，对于一个人的专注培养是必需的。而这种能力，也是需要通过训练来获得的。心中想着自己要做的事情，将自己努力与外界隔离起来，让外界的声音在你的脑海里逐渐地淡化，最后眼中只剩下你要做的事情。这种练习可以从读一本书开始，一旦进入阅读，周围的一切就可以置若罔闻，达到这一步，那么对于外界影响的排除练习就可以看作小有成就了。

第四即是排除内心的影响。

其实最强的干扰很多时候不是来自外在的环境，而是来自自己的内心，因而排除内心的影响就显得比排除环境的影响更加重要，也更加困难。有时候我们会发现环境可能很安静，很适合工作，可是自己的心中不知怎的就是有一种莫名的骚动，不能静下心来，这种与工作无关的骚动，往往会对工作产生极大的影响。那么这时，我们要善于将这种骚动控制下来。首先让自己的身体处在一个放松的状态，在脑海中想象一些安静的画面或者事情，也可以听一些柔缓的音乐来帮助自己放松。当身体放松下来之后，人的思维也会随之开始放松，让自己暂时不要想什么，只是感觉这种放松，内心慢慢就会平静下来。这时，再来努力将自己的精神集中到要做的工作上就会显得容易很多。

第五即是做好劳逸结合。

有很多人可能以为专注的工作就是要坚持着不停地工作，每天上班8小时，完全不给自己喘息的机会，一直保持专注。且不说这种过长时间的专注本身就是不可能做到的，就算是可以做到，也并不一定会有很好的效果。一直让自己的大脑和身体处于紧张状态，时间一长，效率就会很快降低，你感觉自己似乎专注，其实你的思维早已松散。真正充分的专注是需要劳逸结合的。比如从现在开始，给自己设定一小时的任务，然后高度集中自己的注意力，在一小时内努力地去完成它。一小时过后，让自己休息一下，喝口水，看看窗外，站起来走走，然后再努力做一小时工作，再让自己休息一下，张弛有道，才能最大限度地发挥专注的作用。永远不要以时间的长短来评判成果，更不要折磨自己，把自己硬生生地按在椅子上工作，一定要学会劳逸结合，才能更好地工作。

我们培养专注是一个长时间的过程，也绝不仅仅只有这五种方法，这是一个十分灵活的问题，可以说只有适合你自己的方法，才是一个好方法。由于专注力的培养不能一蹴而就，所以千万不要操之过急，可能你觉得很长时间的训练并没有见到显著的效果，那么耐心一点，继续坚持，一定有什么在一点点地积累，终有一天会发生质的飞跃。

[培养团队合作意识]

当今社会是一个日益复杂，分工愈发细致，技术要求愈发高的社会，一个企业往往在要求个人能力的同时，也追求集体的力量。在层出不穷的问题面前，很多时候个人的力量显得渺小而苍白，不论一个人有多么地擅长一件事情，他也不能完全地解决所有问题，这时我们就需要集众家所长，在一群人的共同努力下去完成一件事情，只有通过这样的方法，我们才能在各种问题面前显得从容，最后获得企业的成功。有很多优秀的企业之所以能在其领域内拥有强大的竞争力，其根源并不在于它所拥有的员工个人能力的优势，而在于员工之间的相互配合，员工那种"拧在一起"的默契和联系，也就是所谓的团队合作。

很多时候有团队合作精神的团队，它的积极向上的态度可以激励每一名成员的斗志和热情，赋予他们自信。团队合作并不会导致个人能力的受限；相反，它不仅能够给成员的能力创新提供充足的发展空间，还能够将人与人的能力有效地叠加起来，形成巨大的力量。这股力量在当今社会中意义非凡。

如此，培养团队合作的重要性则十分明显，但是要真正做到这一点，或者使这种合作处在一种积极的氛围下却并不那么容易。团队合作精神的形成非一日之功，而需要长时间的沉淀，因为不论是谁，就算是最好脾气的人，都有自己的感情波动，这些纷杂的感情波动会对我们一个团体观点的统一造成极大的影响，形成分歧甚至争斗。唯有全部的员工都有相同的感情倾向，具备了团队合作的能力，团队合作才有可能完成。团队合作的难度与团队的人数息息相关，或许这就是为什么大企业往往更容易出现合作上的问题，而小企业却可以拥有非常出色默契的原因。

那么如何形成团队合作能力呢？员工之间又如何拥有默契呢？

我想第一点也是最重要的一点，即是对于整个团队的信任，对于自己队友的信任。

只有队员们之间彼此相信，彼此依靠，那么一个团队才可能说是成功的。然而这种信任往往很难建立，有许多人不能真正明白"皮之不存，毛将焉附"的道理，以为仅凭自己的个人力量就可以处理问题，对于企业的困难危机也漠不关心，只顾虑自己的成就，那么这种人本身就不具备团队合作的能力，除非此时企业出现即将颠覆的危机，他才有可能暂时地与企业站在一起，一旦危机过去，那么立刻离开团体，这就是一种极其严重的对企业团体力量不屑，并且不信任的现象。为改善这一现象，企业应当在每个员工刚进入的时候就表现出让员工信任的能力或者潜力，让他们对于企业的领导能够心悦诚服，当然这很难，但是也很重要。

第二，则是对于团队中其他人的信任，这种信任不仅仅表现在专业素质上，同样也表现在个人的品质上。俗话说："不怕有虎一样的对手，就怕有猪一样的队友"，可见队友的重要性，所以许多人过多注意队友的能力，或者品质，从各个细微末节的地方入手进行观察，对队友的能力和品质产生怀疑，有时这种怀疑的起源可能根本就是无关紧要的事情，就像徐志摩的风流并不影响他成为大诗人，马克思的贫穷也不影响他成为伟大的哲学家。可是这种怀疑已经从根本上动摇了团队的默契，使大家不能全心全意毫无顾忌地工作，如此对周围的人不放心、不信任，最终也将被他人不放心、不信任。那么要改善这一点，首先应当把注意力收到该注意的地方，之所以为一个团队，正是应当相互合作的，要是每一个人都是全才，那么还需要别人做什么呢？其次，要想赢得队友的信任，自己必须具备相应的能力，或者让人敬佩喜欢的品质，敢于对大家坦诚，比企鹅有责任心，对于自己该做的事情不推脱并且保质保量完成。要记得自己是这个团队中的一员，自己是必不可少的且团队中的每一个人都是必不可少的，只有大家一起努力才可能使企业真正强大起来。

虽然我们说到个人能力的不全面性是必然的，但依旧有许多人因为自己在某一方面的高水准而自视甚高，因而不愿意与别人合作。其实这是完全不必要的，能够进入同一团体的人在能力方面必然都是有自己特色的，尤其是在企业中，知识性员工的专长可能都不相同，术业有专攻，每个人都可能是一个领域甚至多个领域的精英，所以自视过高什么的完全是不必要的，保持足够的谦虚礼貌，对于自己队友的尊重是一个人在一个团队能够立足的根基。狂妄自大的员工很难获得他人的认可，因而也难以与整个团队产生默契，不能融入整个团队中去。当然，如果只有良好的品质态度也是不可以的，对一个人的信任往往会是全方位的、品质上的欣赏，以及专业上的敬佩。要做到这一点则必须长时间地积累，努力地学习加强自己与他人合作的筹码，做出自己的风格，最终得到别人的信任。

企业家们想要充分发挥团队合作的作用，也必须要懂得利用人的情绪，在管理学中有一个"E"元素的学说，即是指利用那些能激发精力（energy）、兴奋（excitement）、热情（enthusiasm）、努力（effort）、活力（effervescence）的东西。很明显这些"E"元素都为一个企业团体的运转注入新鲜的血液，而不至于使之僵化为一潭死水。这种"E"元素学说实际上也是企业EQ（情商）的一部分，这是1995年由美国哈佛大学心理学家丹尼尔·戈尔曼提出的概念。丹尼尔认为EQ是十分重要的生存能力，它具有发掘情感潜能、运用情感能力影响生活各个层面和人生未来的关键品质因素的能力。企业家要想成功必须学会充分调动企业员工的"团队情商"。"团队情商"是由东北大学工商管理学院的窦胜功教授在《智商与情商》中提出的一个概念，教授告诉我们，在团队情商较高的企业中，员工之间的摩擦、批评等将很容易转化成积极的促进因素，从而为整个企业创造一种和谐高效的工作环境。

同样合理分工亦是团队合作的保证，在一个团队中，成员必须对自己的任务和责任都有清楚明白的了解，同样也对别人的任务职责有一定了解，这样才可能在完成任务时既专注自己又保证团队默契。那么这个时候，如果是企业，就应当对自己所拥有的员工有充分的了解，知道他们的特色和性格，从而把适当的人分配到适当的位置，保证团队合作效果的最大化。

孤掌难鸣，再出色的人离开团队也很难发挥作用，就像水滴离开大海很快就会被蒸发一样。很多时候，一个团队可以给予人的帮助是物质与精神双方面的。感受自己力量的作用，感受自己被需要、被渴望并且被信任，这种感觉是美妙的。所以，如果你是一名员工，那么充分享受这种团队合作的快乐吧，而如果你还是一名企业家，那么给予你的团队这种快乐吧，相信自己，相信他们，相信企业最终会获得成功！

员工的性格决定公司的命运

从微观上来讲，个人的性格可以决定自己的命运，安静、缜密而沉于思考的性格也许造就哲学家；开朗、有谋划而乐于交际的性格或许成就一代风云政客，通常来说，性格会定位以后的发展方向，决定个人的命运。而从宏观上来说，公司的性格也将决定公司的命运，既然法律已经赋予了公司以人格，那么从某种程度上来说，公司也应该有着自己的性格，而这种性格来源于公司的细胞——员工。因此，作为企业的领导者，切勿小觑员工的性格对公司的影响，因为在一定程度上，员工的性格可以决定公司的命运。

公司的精神，公司的工作环境，公司的发展潜力，是左右公司命运的三个因素。公司的精神预言着公司的命运，有什么样的精神就会有什么样的追求；公司的工作环境影响着公司的命运，工作环境酝酿着公司的伸缩性和自我调节能力；公司的发展潜力暗示了公司的命运，潜力有多大，公司就有多大的发展空间，由此可以推测公司的前景。而这三个决定公司命运的因素全都是由员工的性格来决定的。在此，为您一一解读。

员工的性格决定公司的精神，公司的精神决定公司的命运。

一个公司呈现出的，是活力朝阳的澎湃面貌，还是无力夕日那已近迟暮的精神，是可以由员工的性格来决定的。若一个公司充满勤恳耐劳、力求创新、互敬互爱的员工，那么此公司亦会散发出一种动感的活力和无限的精力，此时公司的精神是向上的、积极的、充满希望的，那么，"团结文明，创新求实，优质高效，拼搏奉献"将成为该公司的精神。可是，如果某公司的员工奸诈懒惰、各谋私利、互相排挤，很明显，公司也将在内部斗争和懒惰中萎靡不振，终将被其他公司所取代。

美国有一家汽车商在招聘推销员。当时前来的应试者中，许多人仪表不凡，谈吐风趣。其中有一个身穿粗布工作服、脚踏一双帆布运动鞋的大个子，他的外貌和他的经历都难以证明他能做好推销员的工作，但是他却被录取了——因为他一进门，见到陈列室里的汽车，就大声嚷嚷："说真的，看到这些漂亮的汽车，我打心里想把它们卖出去！"

他热忱的性格被注意到了，而他后来果然不负众望，成为美国赫赫有名的汽车推销大王——他就是乔·吉拉德。

乔·吉拉德只是一名普通的员工，但是他那热情、开朗、上进的性格却尤其引人注目，他的这种积极向上的性格给公司注入了一股新鲜血液，他的到来，让公司重新拥有了一种拼搏、热情的精神，这种精神，使该公司汽车销量蒸蒸日上，公司效益大幅度地上升。可见，员工的性格影响着公司的精神，而公司的精神决定着公司的命运。

员工的性格决定公司的工作环境，公司的工作环境决定公司的命运。

员工们所在的工作环境将会大大影响他们的办事效率和办事质量，舒缓、乐观，但又不失严谨的工作环境，往往可以让员工在工作时，取得事半功倍的效果；与此相反，紧张、恐怖、压抑的工作环境只会压制他们的思维，减慢他们的思考速度，甚至扰乱他们的思绪，很有可能大大抑制他们能力的发挥。除了领导者外，员工就是工作环境塑造的主要力量了，如果员工是诙谐幽默的性格，他就可以以积极乐观的态度对待工作中所遇到的困难，缓解工作压力大时的紧张气氛；如果他是一丝不苟的谨慎性格，他就可以在浮躁的气氛下帮助大家镇静下来，安稳地办妥每一项任务；如果他是热情四溢的性格，他就可以在沉闷时刻调动大家的积极性，一起用崭新的视角和方法去做好所有的工作。可见，拥有良好性格的员工，就拥有了良好的工作环境，而良好的工作环境必定引导公司走向良好的前程，拥有好的发展。

如果把去西天取经的师徒四人看作一个企业的团队，他们的性格搭配是恰到好处的，他们的性格营造出了好的工作环境。首先，孙悟空的性格，虽然桀骜不驯，但是一片赤诚，忠心耿耿，发现妖怪必要除之而后快，而且对自己的职责十分上心，又不缺乏诙谐和幽默，这样性格的员工对企业的发展是有极大帮助的。其次，猪八戒是爱表现的、会讨领导欢心的员工，他可以帮助调剂工作气氛，也是必不可少的。然后是沙和尚，勤勤恳恳的老黄牛式的员工，性格温和，与人和善，可以稳定公司的环境。

员工的性格决定公司的潜力，公司的潜力决定公司的命运。

公司今后的发展潜力，全部依靠每个员工的努力和奋斗，而员工的卖力程度、创造力强度、忠诚度都是由员工的性格所决定的，所以，员工的性格也将决定公司的潜力。拥有忠诚、勤恳、聪慧性格员工的公司，不管公司目前状况如何，但一定是潜力无限，潜能不可估量的；而一些暂时看来春风得意的公司，如果新招进来的一批员工虽然头脑灵活，但都缺乏自信，懒惰爱贪小便宜，那么这样的公司也必定是好景不长的。

既然员工的性格对公司命运有着这样大的作用，那么，作为公司的领军人物，应该如何识别员工是否具有良好的性格呢？

1. 看他们遇到临时困难时的反应。

遇到临时的困难，往往使人感到手足无措，很多人会乱了阵脚，作为领导者，这时应该仔细观察员工们在紧急情况下的反应和应对措施。如果他们不慌不忙，有条不紊地分析，并力图解决这些困难，一般来说，他们不仅具有良好的心理素质还拥有平和的性格，这样的员工可以作为企业的主心骨类培养，因为他们忙中不乱，可以顾全大局，稳定军心。

2. 看他们被批评时的态度。

通常，当人被批评时都会一脸不快，绷着神经，或者流着眼泪，但具有良好性格的人不会这样，他们会礼貌地倾听，然后找到自己不足的部分并加以改进，他们不会太沮丧，而是会很理智地反省自己，很快就可以以饱满的热情重新投入自己的工作，这样的人才是长久的可用之才。

3. 看他们在工作压力大时的情绪。

工作压力太大时，不免会有许多抱怨和愤慨，这时如果有一个诙谐又充满鼓励的声音刺破紧张的气氛，这一定是一个不可多得的人才。这样的员工不仅可以自己不被压力所吓倒，还可以开导同事，并且以其独特的幽默缓解气氛，就像空气清新剂具有很重要的作用。

一切按程序来

所谓程序，即是指处理事情的流程、规矩、顺序、步骤。凡事走程序，是一位企业领导者和员工所应具备的最基本素质，也是衡量一个人处事是否清醒，是否有条理性和逻辑性的标准之一。有人或许会说："严格的程序会让人做事束手束脚，会使老板或员工失却挥洒随意性的快意"，这一点也许是对的，但从某种意义上说，按章办事却是一个企业得以稳健运作的保证之一。仔细比较，中西方企业管理方式和管理文化上的一大差别是：西方企业习惯于按程序办事，我们的不少企业则喜欢临时决策。

有一次，微软中国研究开发中心一位部门经理外出公办。他乘坐的飞机在深圳机场临时出现故障，乘客们被告知需要调乘一班正从外地赶来的飞机，但该航班的乘务员已经超时飞行。如何解决这个棘手的问题？深圳方面难以做主，频频向北京航空总局请示。这个过程一拖再拖，乘客们早已怨声载道，机场一片混乱。这位曾在美国工作了10年的经理评价说："出现这样的问题，首要原因是缺乏办事程序。"其实，乘务员超时飞行并非是个新问题，解决这类问题的办法，在国外早已被写到规章制度里去了，只须照章办事即可，但我们这里却乱作一团。

其实，西方人的程序意识非常强烈，有时几乎到了刻板的程度。一个会议日程表，能把从起床到就寝的所有时间段安排得滴水不漏，连早上有"电话叫醒"，10分钟休息在哪儿活动这样的细节都打印在表格上，而且执行起来绝不走样。近代德国出现了一位伟大的哲学家康德，说起来许多人都会知道。但除了被他署名为三大批判的哲学、伦理学和美学的成就外，很少有人知道他机械人般的作息习惯。相传，每天上午九点，康德都会准时出现在社区的街道上，许多熟知他的人，每当看到康德的身影出现时，都会习惯性地校对自己的手表，以确保它依然走得准确。

"按程序办事"作为系统封闭的一整套管理制度，更意味着企业运行的基本环节被控制在一种有理有据的"秩序"之中。这个秩序的形成和由来并非无中生有，而是许多"过来人"重复了千百遍的经验和教训的总结。因此，办事走程序，可以减少很多失误，规避很多风险。反之，就会引来许多不必要的麻烦。

某企业的一位领导，在未经程序的情况下，擅自挪用300万元作为投标的保证金支付给了一家中介公司，结果上当受骗，巨额资产瞬间化为乌有。事后，在总结会议上一位项目经理指出："这个项目我们其实早已听说，但经过市场调研认定，项目根本不存在。如果在支付保证金前，按照程序做一番评估，也就不会有这样的意外了。"可见，照章办事的重要性。

严格照章办事，目的就是要建立一个公正稳健的公司运作体制，如果领导者能严格按程序办事，不因个人好恶而擅自改动，这样的企业一定具备很强的自我运作能力。可以让领导省心，让顾客放心。

据悉，近几年常有外企换帅的消息，诸如中国惠普的程天纵，微软中国公司的杜家滨、吴士宏等，但他们的退隐，并没有给公司运转带来多大影响，这与国内一些公司高层人员跳槽就面临"地震"的境况迥然。实达电脑股份有限公司总裁叶龙曾说，他们那儿"谁走了都不怕"，敢说这个话，底气也在于实达公司靠的是程序公关、靠制度立业。

但需要注意的是，程序的设立应当尽量避免烦琐。避免如某些政府部门和国企所出现的，办一桩事要跑好几个地区、若干个部门，讨要许多个签章、宴请十来名领导，有时还会碰到各部门和工作人员相互"踢皮球""打太极"，不知责任人是谁的问题。所以，企业应尽量提供简洁实用的"一条龙"办事模式，就是把需要办理的一系列相关事宜和具有内在关联性的各种服务及其他事项最大限度地调度，并集中在一定区域，从而形成完整的服务链条。让办事人在最省时省力的前提下把事办好。这不仅仅是为员工和顾客提供便捷的方便之门，也是保证程序管理模式得以正常运作并长期维系的有效方式。若办事太为烦琐，步骤过于复杂，必然会引来更多的不满，类似偷工减料的事情也更容易发生。

第三章

合理分工，打造高效的执行团队

随着全球一体化的飞速发展，我们作为一个社会人，无时无刻不处在与他人的联系交流之中，而为了使自己的能力得到更加充分的发展，使自己的个性得到最大的舒展，打造高效的执行团队，我们必须锻炼多方面的技能，并进行合理分工来发挥团队的优势。

[高效简洁的
流水线战术]

流水线生产技术与大规模生产方式流水线是指劳动对象按照一定的流程、顺次，通过各个工作中心，并按照一定的速度完成作业的、连续重复进行的一种生产与运营的组织技术，这种生产方式主要是通过降低成本、提高生产效率获得竞争优势。

亨利·福特被誉为"为美国人装上轮子"的人，他曾发明了第一台靠汽油作为驱动燃料的自动马车，也就是现代汽车的雏形，而以他名字命名的福特公司和福特牌汽车也闻名于世。

同时他也是世界上第一位使用流水线大批量生产汽车的人，这种注重分工，强调统一高效的机械生产和管理模式，被意大利共产党领袖安东尼奥·葛兰西称为"福特主义"。

在16岁那年，福特不顾父母家人的担忧和反对，偷偷跑出家门，跳上了开往底特律的火车。在那里，他进入了一家名叫詹姆斯·弗劳尔的蒸汽机公司，并担任了一名车间工人。那时的他，每天工作15个小时，其间只有6小时的睡眠时间，十分劳累。不久后，他又跳槽去了另一家名叫德赖·多克的引擎工厂，在那里他学到了许多新的知识，也成了工作在那儿的许多小男孩中的一员。平日里，他时常幻想自己能建立一个手表工厂，并以高效精准的方式日产手表2000块，即是把装表的程序分解成若干个细微的步骤，每个人都站在传送皮带旁，忙碌自己的工作，这就是后来的流水线作业。福特的想法得到了当时身边的其他童工的支持，他们都拭目以待，盼望福特能早日完成他的愿望。若干年后，他的这个梦想最终得以实现，不过生产的不是手表，而是汽车。

1903年，在一次影响盛大的汽车比赛中，福特驾驶着由他自己建造的"999"汽车稳夺桂冠，因创造纪录而驰名全球，也获得了更多人的关注。随后不久，他就建立了自己的汽车公司，福特本人成为公司的副总裁、总经理以及其他的一些头衔。但那时的投资商并非都像他那样独具慧光，他们只想着生产豪华的大型车，并且以200%到300%之间的利润出售给富人。然而福特却始终不肯偏离自己的目标，他想要制造适合大众消费的汽车。这个想法引起了一些投资商的不满，当产量达到一天100辆的时候，他们曾试图阻止亨利·福特继续管理这家公司。而福特对此的回答则是："我很久以前就希望一天能生产1000辆。"因为想法的冲突，许多投资方撤走了资金，使年过三十并携家带口的福特最终陷入了既没资金也没工作的境地。

但暂时的困难并没能打倒福特建立高效生产方式的决心，他艰难地凑齐了资金，租了一间大点的车间，雇了两名工人，购置了原材料，开始生产廉价汽车。从那以后他的事业飞速发展，仅在福特公司成立四年之际，其资产总值就超过了百万美元。1913年，福特公司基于福特儿时生产手表的设想，首先研究出传送带生产线，这种流水线的作业方式使其生产率大大提高。

1914年1月，当福特宣布要给自己工厂里最没有技术的工人每天5美元的高薪，并且工作时间从10个钟头缩短到8个钟头时，整个世界都为福特的计划大吃一惊。大量寻求务工的人员齐发涌向底特律，导致警察无法维持秩序，最后不得不动用大功率的高压水龙头来稳定大众情绪。但实施"工人每天人均5美元计划"的前提是要求工人们按照福特所倡导的模式去生活，生产工作也被分解成无数个简单的流程，工人们成天都在流水线上重复着如钟表般准确、快速和单调的工作。以活塞杆组装为例，按照老式的方法，28个人每天装配175

只——每只3分5秒；工头用秒表分析动作之后，发现有一半时间用于来回走动，每个人要做6个动作，于是他改造了流程，把工人分成三组——再也不需要来回走动了，凳子上装了滑轮传动——现在7个人就能每天装配2600只。几乎每个星期，福特公司都对机器或工作程序进行某些改进。生产规模很小的时候，工厂曾需要17个人又累又脏地专门清理齿轮的毛边；有了专门的机器，4个人能轻松干几十个人的活。曾有37个人专门弄直炉子里的凸轮轴，用了新型炉子之后，产量大增之下也只需要8个人。

流水线模式使汽车生产从作坊跨进了工厂时代，进而为现代工商业带来了革命，而对生产流程的彻底分解和优化，也预示了生产史上最具有颠覆性的力量。

其实在现代管理和生产中，这种流水线作业的方式已被大规模使用，如纺织品、电视机、汽车等的生产。例如，2004年9月3日中国电子信息百强网报道：创维狂掀"平板风暴"。创维集团在深圳设计建造了我国第一条大规模的等离子彩电生产线，这表明国内等离子彩电的生产已经从小批量的手工制作，转为大规模的流水线生产作业，实现了产业化。

但事实上，除了工业化的生产环境以外，人们生活的所有方面几乎都会需要大规模流水线生产。

20世纪初美国古典管理学家费雷德里克·泰勒已将这种操作模式引入管理学领域，并提升到理论的高度，使之作为一种新型的企业管理制度弘扬于世。泰勒制管理主张通过使生产作业的各个环节标准化、规范化，从而提高生产效率。

例如，咨询公司做咨询项目，已由过去的完全依靠人变为现在依靠系统。例如，咨询公司在伦敦的数据库就可以支撑它在全世界范围内的项目，表面看是一个团队在做一个项目，但实质上有许多工作在全球不同地点、不同岗位的人在支撑这个项目的运行。

而某现代化医院，也大胆引入了这种新型管理模式进行经营管理。该医院以客户为中心的流水线生产方式运行，客户进入医院后得到一张磁卡，后续的操作均是按流程进行，病人领取的药是按照每次服用的种类和计量包装的，所有这些工作均是自动完成。大规模流水线生产已经融入社会生活的各个领域。

一切按程序化、自动化的方式进行操作和管理，可以大大提高员工和公司的工作效率，让员工们在一种约定俗成的规矩中实现自我管理，不失为一条高效简易的管理策略。

模仿是实现高效最直接的手段

在日常生活中，我们无时无刻不在感受模仿的存在：《我们约会吧》和《非诚勿扰》是对国外交友节目的照搬式模仿，《中国达人》是对《美国达人》的模仿，《国产零零漆》是对米高梅《007》的模仿……毫无疑问，这一系列的模仿，都使制作方得到了收视率或票房的满意效果。

放眼当今世界上的大多数优秀公司，无论是国外的GE、可口可乐，还是国内的海尔、联想、万科、阿里巴巴，都是通过模仿其他优秀公司提高自身竞争力的典范。比如施乐向摩托罗拉学习六西格玛，可口可乐向宝洁学习客户研究，海尔学过索尼的制造，联想几乎是在HP模式下长大的，万科也曾经将索尼、新鸿基作为榜样。

所以，善于模仿者，就如踩在巨人的肩膀上，借别人的高度，扩展自己的视野触摸头顶的天；不懂得模仿的人，有如摸着石头过河，磕磕碰碰自然难以避免。

要说对模仿驾轻就熟的，自然要数标杆管理的先驱——施乐公司。在1976年，作为世界复印机市场霸主的施乐公司在市场、产品、技术等方面遭遇到以日本佳能公司发起的全方位挑战。当时的日本佳能、NEC等公司为了占领市场，旗下生产的复印机以低于施乐公司同类产品的成本价进行销售，从中获得了巨额利润。而施乐公司的市场份额直线下降。面对强劲的竞争攻势，美国施乐公司的管理层率先发起了向日本佳能公司学习的运动，并对其中存在的问题进行深入细致的标杆分析。通过全方位的产品集中比较分析，施乐公司发现日本佳能、NEC的产品开发周期、开发人员平均比施乐少50%，在其他性能方面也有着明显的优势；另外，还发现施乐交付订货工作的水平低，在处理低值货品时存在大量浪费现象。通过针对性的标杆比较，施乐公司弄清了日本佳能、NEC的运作机理，找出了与它们之是的差距，开始全面调整经营战略、战术，改进业务流程。在业务流程重组过程中，施乐公司充分模仿各个公司的经营管理技巧，很快找出了问题的最佳解决和实施方案，有效地使生产成本下降了20%，把失去的市场份额重新夺了回来。

可见，模仿，不失为使一个公司或组织达到既定目的，实现高效的有效手段。

位于密歇根州的里兹·卡尔顿（Ritz-Carlton）酒店，对自己的客房清扫活动进行了全方位的考核，结果发现位于纽约的竞争对手使用了一个由四人组成的清扫小组，而且效率很高。因此，Ritz-Carlton酒店经过学习研究，在位于夏威夷的分店中开始推广这个由四人组成的清扫小组，每人都有自己明确的分工，协同完成整个流程。通过实施这一方案，该酒店取得了不错的成果：

客房清扫所需时间降低了65%；

不合格率降低了42%；

每位员工的平均劳动生产率提高了15%；

无论是对客人而言，还是就员工来说，安全系数大大提高；

单程旅行的次数下降了64%；

客户投诉率下降了33%。

因此，如果企业对模仿运用得当，则在整个模仿过程中，将由一个"受困者"迅速成长为"生存者"，更有可能成为"胜利者"。这就是说，模仿比自己更有优势的领先企业，可以明确界定企业绩效与其他企业绩效之间的差距，从而营造企业变革的需求；可以全面了解企业外部情况，并在此基础上，确定企业的经营发展目标；企业还可以更快、更好地推行新的方法，从而提高企业各个层级、部门的运营效率；同时，还可以有效地化解风险，成为行业的王者。

然而，全然的模仿又会让组织成为一个小丑落人诟病。孔子曾说："君子和而不同，小人同而不和。"其意正说明君子能取长补短，但绝不盲从附和，唯小人亦步亦趋，不见个人风骨。又正如一个十分形象的比喻所言："第一个把漂亮姑娘比作鲜花的人，是天才；第二个把漂亮姑娘比作鲜花的人，是庸才；第三个把漂亮姑娘比作鲜花的人，是蠢材。"没错，完全重复人家用过的创意，肯定免不了会被人视为东施效颦，可耻而又可笑。

20世纪90年代中期，中国很多搞餐饮的人都在研究麦当劳和肯德基，也有不少人按照自己所理解的麦当劳、肯德基的模式去模仿，他们把自己的店面装饰得与麦当劳和肯德基很相似，包括统一装修风格、统一着装、统一餐具、统一的食品供应等，甚至连麦当劳的"儿童乐园"也被照搬了过去，有的甚至连名字都很相像，如"麦香那""麦肯姆"等等。一样的汉堡，一样的薯条，一样的服务，一样的儿童游乐场，其产品的口味也不差。只可惜热闹一时后就沉寂了，最后即使五折优惠，顾客也是寥寥，再到最后就不得不关门大吉了。

古人谓："浅者偷其字，中者偷其意，高者偷其气。""偷"即模仿。一个团队或组织若要迅速上升一个层次，提高组织的运作效率，就必须如前两个案例一样"偷意""偷气"，广泛综合其现象，深入挖掘其本质，模仿其精髓，而不仅仅是呆板仿制，流于表象。

实现高效的沟通

不论是与人还是与物，沟通都是一个双向信息传递的过程。在这个过程中，双方都同时扮演着发送者与接收者的角色，两者之间的信息发送和接收是一个循环往复的过程，每一方都在不断重复接收、解码、理解、编码、发送、再接收的动作。因此，对于参与沟通的每一方来说，想要使沟通变得高效，都必须考虑两个最重要的因素——有效倾听和有效表达。

从同理心（指能易地而处，切身处地地理解他人的情绪，感同身受地明白及体会身边人的处境及感受，并可适切地回应其需要）的原则出发，在沟通的过程中，如果希望别人可以更好地理解你，那么你自己首先要做的就是倾听并且理解他人的意见，从他人的角度来感受这个意见的出发点。因此我们可以说，沟通的第一要义就是"悉心倾听"。我们常听长辈教育晚辈时说，你要悉心听取别人的意见。那么什么是"悉心"呢？"悉心"，就是指我们在做倾听的时候不仅仅凭借听觉，停留在字句的层面，更要全神贯注地用心来倾听，体会其中的含义以及蕴含的感情色彩。在倾听过程中，我们自己往往也会有思考与判断，这种思考与判断可以帮助我们避免许多隐藏的问题和危机。

而我们说的"倾听"，即是指在听见别人说话内容的同时，还要揣摩对方语言深处的含义及语言中所包含的感情色彩。倾听是面对面的交流所必需的能力，在大型机构和企业其也有不可替代的意义。可以想象，如果一位领导不具备倾听的能力，对员工们的心声视而不见，那么就会很难获得员工对于领导甚至企业的尊重，这种缺失有时候会产生灾难性的后果。20世纪90年代末，苹果公司一度面临经营上的困难，需要调整方向。当时，董事会请来一位以战略眼光著称的CEO。这位CEO向员工们保证说："不必担心，这家公司的情况比我以前从鬼门关里救回来的那些公司好多了，给我一百天，我会告诉你们公司的出路在哪里。"于是在这一百天中，他带着自己的小团队一起设计公司的"战略计划"。每天，这位CEO只是单纯地专注于计划的制订，对于广大员工的心声从不过问。在一百天后，面对他拿出的战略计划，员工们既不理解也不支持，就更谈不上履行这个计划了。又过了半年，公司业绩仍然下滑。这位CEO气急败坏地召开了一次全体员工大会指责道："你们让我大失所望，大家没有努力执行我的计划，今后，决不允许你们犯同样的错误。"在这次会议之后，员工们都感到心灰意冷，对于他的计划更加不支持。在工作业绩连连败退的情况下，这位CEO不久就被解雇了。

他以为他可以仅凭着自己团队的智慧改变公司的状况，结果却只是白白地浪费了时间，并没有得到公司员工们的支持。这样下来，就算他的方案再好，也没有人心甘情愿地去执行，因为大家对一份没有融入感情的计划是不会有热情的，长时间地被忽视让他们早已对领导者失去了期待。不懂得悉心倾听或许正是这位CEO失败的关键。如果他能够更善于倾听员工的心声，善于取得员工的理解和支持，那么在他的企业内部很自然就能形成一种适合沟通的氛围，而这种氛围正是企业通向成功之路所必需的。

那么要怎样实现有效表达呢？企业高层要想获得成功与高额利润，最重要的就是赢得企业员工的心。向企业员工有效表达自己的善意是很必要的，也是很重要的。所有企业领导者都知道沟通很重要，可是没有几个人能够准确地说出什么样的沟通才是有效的沟通。

正确的沟通，首先要建立在相互明白之上。禅宗曾提出过这样一个问题，"若林中树倒时无人听见，会有声响吗？"也许大多数人都会说"有"，因为无论你是否听到，客观的事物都是会发生的。但是禅宗人却答曰："没有。"树倒了，确实会产生声波，但除非有人感知到了，否则，这样的声响同不存在一样，是没有任何意义的。正应了一些哲学家所说的："有意义才是存在。"同样，沟通只在相互理解时才会发生。

所以，与他人说话时应注意，交谈的方式必须依据对方的经验和认识的能力而定。例如一个企业管理者在指导一个农村来的未受过教育的员工的工作时使用大量的专业术语，看似高深却不具有任何意义，因为被指导的员工根本就不能理解其中的意思，那些用词已经超出了他可以接受的范围。所以，需要修正的不是语句，而是语句背后想要表达的看法。想要这名员工真正理解管理者的意思，那么管理者则必须改变自己与这名员工的沟通方式，可以把晦涩的句子改成简单明了的，并且加入自己的一些身体语言，比如面部表情或者动作来帮助员工进行理解。这就像德鲁克所说的一样，"人无法只靠一句话来沟通，总是得靠整个人来沟通。"

在做到让对方能够理解这件事之后，那么接下来该做的就是去了解员工对于这件事的一个期待值。因为每个人在做一件事情之前，都对这件事情有一个特别的心理态度，希望从中获得物质或者精神上的积极因素，我们如果能够了解这个期望值，那么就可以对其进行适当的运用，调动起员工的兴趣和积极性或者迫使员工来面对即将到来的各种实施情况。就像有人说过的，我们所察觉到的，都是我们期望察觉到的东西；我们的心智模式会使我们强烈抗拒任何不符合其"期望"的企图，出乎意料之外的事通常是不会被接受的。

沟通是一个双方面的事情，我们必须也不得不从双方面来考虑如何去对待并且完成沟通的过程和结果。任何一方有问题，沟通本身和其导致的结果都会出现问题，这是一个相当连锁的问题。而实现高效沟通，其实是一个从基础出发的能力，只有做好最基本的语言、用词、表情甚至换位思考等等，我们才能真正完成高效的过程。永远要记得在沟通中，对于沟通本身的要求，双方是处于一个平等的地位的，所以不要试图通过增加沟通本身的门槛来提升自己的档次，因为真正优秀的人都是善于沟通并且能够与各个阶层找到共同话题的人。

创建学习型团队

在如今这个科技经济高速发展的时代，各种信息不断地涌现，知识正以我们几乎不能想象的速度进行着无时无刻的更新，于是各种企业，不论是世界500强抑或是一个小镇上并不广为人知的小店，为了保持与时代的一致，争取到维持自己发展的顾客群，都在不断地进行自我知识的更新。如何做到比对手更好、更快、更强，是每一个企业家都不得不面临的挑战！出于对这种现状的了解，国家提出了要"构建终身教育体系，创建学习型社会"的要求。

创建学习型团队，企业作为社会的重要组成部分，构建学习型团队势在必行。那么，在构建学习型团队之前，先来了解一下什么是学习型团队？

我曾经在网络上看到有人做出这样的解释：学习型团队所谓的学习并不是我们传统意义上理解的学知识，而是指提升创新的能力，能做过去所不能，创造过去所不曾有。简单地说，学习型组织实质上就是以共同愿望为基础，以团队学习为特征，让全体职工把学习不断转化为创新，工作学习化，学习工作化的组织。

这个解释可以说是比较全面的，确实，学习型团队的建立与许多因素相关，最重要的一个是共同的愿望，可以延伸为集体价值观，另一个则是创新的精神。

这两点说难也难，说容易也容易。我们之前曾经说到过集体价值观的建立，也提到过创新能力的培养。这都是需要长期培养的，这一点毋庸置疑。

于是就有人疑惑了，真的可以成功地培养学习型团队吗，它的长期性让它显得十分困难。那么可以十分确定地说，"有！"当然有企业成功地培养了学习型团队。

举世瞩目的三峡工程就可以作为培养学习型团队的成功证明。我国的三峡工程，位于宜昌市上游不远处的三斗坪，是世界上规模最大的水电站，1994年正式动工兴建，2003年开始蓄水发电，于2009年全部完工。它高程185米，蓄水高程175米，水库长600多公里，安装了32台单机容量为70万千瓦的水电机组。三峡工程的庞大是史无前例的，在很多方面都没有任何可以参考的数据。此时三峡工程的良好的学习型团队，将这个浩大的工程从空中楼阁落到实处。其间，由于多地方都采用了新型的技术，从领域上的经验空白到最后的成功攻克，10年的时间里三峡工程团队相互合作，学习创新，创造了一个又一个的奇迹！为了创建学习型团队，长江三峡工程开发总公司组织了许多活动，例如2002年的以"在创新中前进"为主题的演讲赛，在鼓励广大参建单位群策群力共谋发展的同时，也进一步树立了"学习就是创新"的新理念。

三峡工程的例子向我们证明了学习型团队建立的可能性，但这并不能说明它是容易的，实际上，在中国，要建立学习型团队是相对困难的。首先，中国古老的"填鸭式"教育方式，使中国人的思维相对规范化，或者说得直接些，就是比较僵化。大多数人在学生时代就丧失了问"为什么"的兴趣和能力。其次，据调查中国80%左右的中小型企业老板都处在一种渴望创新又拒绝学习的矛盾状态，他们既希望企业蓬勃发展，但又不知该如何做。有的人因循守旧，而有的人崇洋媚外，最终都无法为一个学习型团队提供良好的环境。

所以，企业应当如何培养学习型团队呢？我们先来看一下朝阳燕山湖发电公司是如何做的。

朝阳燕山湖发电公司为让公司在强大的竞争洪流中站稳脚跟，从公司成立开始就立志打造创新学习型团队，并将其看作企业文化建设的核心，提出了"一个智慧集体、一个战斗堡垒、一支效能队伍"的理念。他们首先强化理论研究，挖掘学习内涵。公司撰写了《建设学习型党组织 增强基层党组织和党员的创造力》的文章，立足实际，把创建学习型党组织，作为创建学习型团队的示范项目。其次，他们认真选择载体，推动活动开展。公司努力营造氛围，给成员以学习的冲动。一方面以"边学边干，有效提升"为主题，组织开展了"岗位成才，价值倍增"活动；另一方面以提升公司执行力为主题，开展了"我为创优献计谋"合理化建议征集活动。公司还以创建学习型党组织为主题，开展了"创先争优"知识专题学习活动，编写出版了《朝阳燕山湖发电有限公司"创先争优"活动百题知识问答》。朝阳燕山湖发电有限公司通过种种主题班会、征文比赛、小组讨论等活动，帮助企业成员重新找回创造的勇气和动力，给他们提供学习的环境和支持。

所以，我们可以看见，积极营造浓厚的学习氛围，是培养学习型团队的第一步。

那么第二步就是要牢固树立科学人才观。一个优秀的团队，没有人才是不可能的，事实上，人才正是组成学习型团队的根本，因此贯彻落实"以人为本"的方针，坚持保护人才，树立科学的人才观对学习型团队的建立发挥着积极的作用。坚持"学习能力大于学历"的理念，鼓励职员从工作中学习，不断提高自身素质，创造环境让职员们互帮互助、共同学习。

第三步则构建共同企业规划，通过统一的目标来激发企业员工的学习动力和创新热情。一个好的共同目标往往有着强大的"磁场"效应，对企业员工产生一种特别的号召力，鼓舞他们为了企业努力工作"学习"创新。

创建学习型团队本身就是一项不断实践创新的过程，你必须实际地去做，才会知道你需要什么。而令人高兴的是，我们国家在这一项上已经有了一个良好的开端，许多企业已经为我们开创了成功的先例，所以我们并不是在一条全然不知的路上前行。因而我们更应该充满信心相信自己的企业可以建立学习型团队，万事开头难，但经过这段艰难的时间后，等待的则是美好的前景。

抑制破坏冲突，鼓励良性冲突

一提到冲突，很多人都会感到一阵阵的紧张从心底升起，可能是我们经常从报上看到"……冲突，造成……死亡"，内心的回避让很多人对冲突本身有一种消极的态度，然而现在我们却要说利用冲突。

冲突的准确释义为人们由于某种抵触或对立状况而感知到的不一致的差异。

很多时候，这种差异是否真实存在其实并没有关系，这是一个很主观的看法，人们感觉它是存在的，那么它可能导致的结果就随之出现。在我们说建立和谐社会的今天，很多企业的领导者闻冲突二字色变，这是一种对冲突认识不清的表现。冲突按性质可分为破坏性的冲突和建设性的冲突。根据这种分类我们可以很清晰地发现，冲突内隐藏着可以利用的机会，管理者应当在此时推翻脑海中陈旧的观点，全面地理解冲突的意义。

美国管理协会曾经对美国企业进行的一项针对中层和高层管理人员的调查表明，管理者平均要花费20%的时间处理冲突，这就意味着企业要花费大量的人力、物力来处理这些冲突。可是，我们能够因此而逃避冲突吗？答案是显而易见的。许多人为了避免冲突就采用了逃避的方式，这种方式确实可以在短时间内避免冲突可能带来的危险，但是长期下来很容易导致企业活力的缺失，成为一潭没有生气的死水。著名的雅虎公司在2000年网络灾难中未能幸免，其市值从1000多亿美元一落千丈，跌至100亿美元。事后经过各种分析，人们发现雅虎的这次危机除了大市不好的客观情况，与其自身管理中对于冲突的错误处理也是息息相关的。对容忍型冲突的回避，使雅虎内部没有很好的讨论氛围，不同的意见和建议不能得到正确的看待，员工的积极性受挫，于是企业的运营逐渐地死水化。这次危机使雅虎公司意识到了适当拥有冲突的重要性，有益的冲突不仅可以保持企业充沛的活力，也为企业发展提供了各种可能。

既然冲突不可避免而且完全有可能是积极有益的，那么我们为什么不选择好好地利用它呢？现今社会对冲突的利用更是越来越重要，这其中蕴含着巨大的潜力和商机。但是，我们知道的冲突太多或太少对组织的发展都不好，过多会造成混乱，太少则会导致反应迟缓。如何控制冲突的数量呢？这要求领导者的能力，能够发现什么是可以利用的，什么是不能利用的，哪些是具有建设性的需要优先考虑，等等，领导者的眼光和顺势引导在冲突的利用中占据着不可替代的地位，需要靠领导者来有意识地激发良性冲突。

冲突是无处不在的，它遍布组织内的所有功能区，它提供了一个宽广的看事物、看问题、对待组织的角度，而且也是整合组织的一个途径。当人们开始对一个问题质疑的时候，他们就开始了新一轮的学习过程，他们会积极地寻找理论依据证明自己的看法，同时会努力了解别人的看法以补充自己，这种过程使员工对于所学的知识看法进行了更深刻的理解和反思。

那么如何管理冲突，鼓励良性冲突，使它为自己所用呢？

对冲突的管理会带来巨大的益处，但是管理的要求也是相当多的。

首先，当一个冲突产生的时候，勇敢地面对它，不要感到恐惧或者去逃避。努力地对这个冲突进行合理的干预，使之处在一个正常的态势下。其干预的方式往往很多，例如会议、辩论，等等，将冲突置于一个积极的环境中。现今的企业大多都有周会、月会等大小会议，然而很多会议并没有起到一个稳定的作用，其中的原因之一就是没能解决企业存在的冲突。我们前文说过雅虎公司的例子，从中可以看出，会议并非仅仅将职员召集起来，更多的还要给他们各抒己见的环境，鼓励他们勇敢地将自己的看法说出来并给予尊重。

其次，处在冲突中的双方要学会控制自己的情绪，如果当事者无法控制自己的行为，那么管理者应当帮助他稳定下来。很多时候，冲突的激化是由于一方或者双方的情绪脱离控制，当这种情况发生时，产生的后果往往是不可预测的。所以在平时公司处理事情的过程中，就应当提醒职员保持好心情，他们必须是感性且理性的，在发表自己观点、表达自己感情的同时也要通过一种理性的输出方式来使事情得以和谐地进行下去。这一点其实很容易想到，类比来说，如果美国与伊拉克之间的冲突仅仅是圆桌上的谈判而不是"坐在核弹"上，以全副武装的军队来护航，那么美伊关系在很大可能上并不会发展到如此僵化的地步。公司中的冲突虽然不一定有这么大危险，但是当事双方的情绪变化却很可能达到同样的境界，于是情绪的控制也显得尤为重要起来。

再次，管理者必须明白，冲突的管理是一个共同活动，而不是几个人的责任。没有哪个公司会成立一个冲突解决委员会，这是十分不现实的。其实当所有人都对冲突有充分的认识，并且对冲突进行努力的控制，使之在一个合理的情况下进行时，冲突的管理就会变得很容易。对于冲突的正确认识会促使人们放宽心胸，接纳彼此的心意，并努力维持住稳定的局面，这样一来，冲突可能带来的危险就不那么成问题了。

值得一提的是，当我们努力利用良性冲突的时候，如果能同时做到多破坏冲突的抑制，那么情况就更好了。

其实良性冲突与破坏冲突并无本质上的区别，它们很多时候是可以相互转化的。对于破坏性冲突的抑制，实际上就是努力将其转化为良性冲突或者令它消失。你必须首先看清楚存在的冲突问题，它们可能很多，但并非需要一视同仁，你可以挑出最具价值的，或者此时最为重要的。不要尝试去解决每一个冲突，有些冲突不去处理就是最好的处理，这并非是一种逃避，而是在经过周密考虑后，所采取的方法之一。然后，应当考虑冲突双方的特点以及冲突产生的原因。是沟通差异？是角色的不同或者性格上的差异？这都是需要认真考虑的，它们为我们解决冲突提供了更大的可能性。

缓解冲突是很多企业经常采用的手段，在遇到重大情况时可以适当强制性地做出决定；而在需要树立宽容形象时可以适当地迁就，就像蔺相如给廉颇让路一样；或者在双方势均力敌的时候进行折中考虑，兼顾双方意见；抑或是在双方问题没有本质对抗的时候，可以进行合作，这就要求冲突双方理智且相互沟通。很多方式，只要能起到积极的作用，具体用哪种其实并不是那么重要的。

有关冲突的利用和缓解是一个长期的话题，各种意见的产生都有它的意义，就像两千多年前孔夫子提出"君子和而不同"，一语成谶。既然我们心中已经明白了这个道理，那么面对不一样的观点又有什么不能接受的呢？学会抑制破坏冲突，鼓励良性冲突是每个企业家巨大的财富！

目标管理 省时省力

企业的工作纷繁复杂，合理分工愈加显得重要，只有有效发挥员工各自所长，将他们放在最合适的位置上，才能打造高效的执行团队。在合理分工的各种方法中，目标管理这一方法日益凸显出来，它是彼得·德鲁克（Peter Drucker）于1954年在其名著《管理实践》中最先提出的概念，也是现在各个成功企业所推崇的重要管理方法。

目标管理是指以目标为导向，以人为中心，以成果为标准，而使组织和个人取得最佳业绩的现代管理方法。目标管理亦称"成果管理"，俗称责任制，是指在企业个体职工的积极参与下，自上而下地确定工作目标，并在工作中实行"自我控制"，自下而上地保证目标实现的一种管理办法。它的理念并不是有了工作才有目标，恰恰相反，是有了目标才能确定每个人的工作。所以"企业的使命和任务，必须转化为目标"，如果一个领域没有目标，这个领域的工作必然被忽视。因此，管理者应该通过目标对下级进行管理，当组织最高层管理者确定了组织目标后，必须对其进行有效分解，转变成各个部门以及各个人的分目标，管理者根据分目标的完成情况对下级进行考核、评价和奖惩。

目标管理所能达到的效果，最明显在于省时又省力。

设置一个适当的目标对于企业发展来说，是非常重要的，无论走向成功的道路有多么漫长，只要心中有这样一个目标，在路上就会一直朝向那个目标不断努力前行。这个目标将成为员工心中的动力，心怀目标，一路走去便不会觉得那么辛苦，也就节省了不少的力量在挣扎和反复上。

山田本一是日本著名的马拉松运动员。他曾在1984年和1987年的国际马拉松比赛中，两次夺得世界冠军。记者问他凭什么取得如此惊人的成绩，山田本一总是回答："凭智慧战胜对手！"

大家都知道，马拉松比赛主要是运动员体力和耐力的较量，爆发力、速度和技巧都还在其次。因此对山田本一的回答，许多人觉得他是在故弄玄虚。

10年之后，这个谜底被揭开了。山田本一在自传中这样写道："每次比赛之前，我都要乘车把比赛的路线仔细地看一遍，并把沿途比较醒目的标志画下来，比如第一个标志是银行；第二个标志是一棵古怪的大树；第三个标志是一座高楼……这样一直画到赛程的结束。比赛开始后，我就以百米的速度奋力地向第一个目标冲去，到达第一个目标后，我又以同样的速度向第二个目标冲去。40多公里的赛程，被我分解成几个小目标，跑起来就轻松多了。开始我把我的目标定在终点线的旗帜上，结果当我跑到十几公里的时候就疲惫不堪了，因为我被前面那段遥远的路吓到了。"

由此可以类推，在企业中，若设置一个又一个明确的目标，就可以让员工循着一个个目标奔跑下去，时常可以看到离下一站有多远，心怀希望，这时目标就成为员工的一颗定心丸，达到的效果就是省力。它节省了员工们花在反复挣扎上的时间，省去了他们内心纠结的疲劳，节省了重复的工作，大大节省了力量。

确定企业的目标，还可以大大节省时间。有了一个确定的目标，那么我们之后所制订的所有计划都将是围绕这一目标展开的，一心一意为着一个目标，不会偏离，这样首先节省了走弯路的时间；其次还节省了走回头路的时间。

"任天堂"公司，就是使用目标管理的典范之一。"任天堂"公司是日本一家专营家用电子游戏机和游戏软件的中型公司，它的每一个目标设置都是立足当下，展望不遥远而实际的未来的，在这样的目标管理分工方法的指导下，步步走向成功。从1980年开始经营儿童电子游戏机。转产之初销售额仅230亿日元，而10年后却超过了4500亿日元，特别是在1991年9月中期决算中，其经营利润达1亿日元，跃居全国企业第六位，引起日本产业界的极大关注；从职工人均经济指标看，则已大大超过许多大企业。这不能不说是一个奇迹，因此人们称之为"任天堂之谜"或"任天堂奇迹"。

既然目标管理有着如此重要的作用，既省时又省力，那么企业的管理者怎样才能做到这点呢？

1. 重视人的因素。

目标管理是一种参与的、民主的、自我控制的管理制度，也是一种把个人需求与组织目标结合起来的管理制度。在这一制度下，上级与下级的关系是平等、尊重、依赖、支持，下级在承诺目标和被授权之后是自觉、自主和自治的。

2. 建立目标锁链与目标体系。

目标管理通过专门设计的过程，将组织的整体目标逐级分解，转换为各单位、各员工的分目标。从组织目标到经营单位目标，再到部门目标，最后到个人目标。在目标分解过程中，权、责、利三者已经明确，而且相互对称。这些目标方向一致，环环相扣，相互配合，形成协调统一的目标体系。只有每个人员完成了自己的分目标，整个企业的总目标才有完成的希望。

3. 重视成果。

目标管理以制定目标为起点，以目标完成情况的考核为终结。工作成果是评定目标完成程度的标准，也是人事考核和奖评的依据，成为评价管理工作绩效的唯一标志。至于完成目标的具体过程、途径和方法，上级并不过多干预。所以，在目标管理制度下，监督的成分很少，而控制目标实现的能力却很强。

一个时间只能做一件事情

很多年轻人，他们在各种风潮面前左右摇摆，天天发出"外面的世界很精彩，外面的世界很无奈"的感慨。

我们所谓一个时间只能做一件事情，这个时间并不是一个精准的概念，像一小时、一天或者其他的一个时间衡量。所谓一个时间只能做一件事情与三心二意是相对应的，即是指在一个时间段内做某件事情就要把那件事情做好，然后再考虑其他的事情，一件一件地处理事情，每一次都做好，那么事情往往会比较顺利地解决。这样的能力不仅对于个人，对于企业往往也是十分重要的。

曾经听过这样一件事情。世界上最紧张的地方可能要数只有10平方米的纽约中央车站问询处。那里每一天都有很多很多的人，旅客们对于自己的问题都十分急躁，要求立刻得到答案。这样强大的压力对于问询处的人来说应该是十分为难的，可是那里的工作人员却一点也不紧张，他回答每一个问题，都显出游刃有余而不急躁的样子。于是有人问他："工作这么紧张，你是如何出色地完成任务的呢？"他说："我并没有同时接待每一位旅客，我只是单纯处理一位旅客的问题。忙完一位，才换下一位，一个一个来，接待谁的时候就好好回答他的问题。"

这个事情虽然听起来很容易，可是真正做起来却并非那么容易。工作人员一次只会回答一个旅客的问题，实际上就相当于把时间分割成许多份，一个时间段只处理一个问题，于是他的工作就变得有条不紊，他自己也可以心无旁骛，专心地将这个时间段内的事情做好。

一个时间只做一件事情，这样的能力并不仅仅只对个人很重要，对于一个企业也是十分重要的。心无旁骛的态度不仅可以帮助一个人更加快速地完成任务，同时也可以提高工作的质量，即所谓的效率的整体提高。如果三心二意，期望在一个时间内做多个事情，那么往往是几件事情都不能很好地完成，花了更多的时间却没有达到相应的效果。因为每件事情之间都是存在差别的，头脑在不同的事情之间相互转换，需要时间的过渡，而如果不断地转换，那么人的头脑很容易迟钝甚至变得混乱，这个时候再想要做好一件事情就需要重新花费更多的时间去整理这个混乱了。事情之间的转换就像开车一样，一旦中途停下来，那么想要再回到原本的速度和感觉，就不得不花费一段不短的时间了。

当然，并不是所有的"时间"都像中央车站问询处的工作人员处理一件事情那样短暂，很多时候这个时间的跨度很长，比如一年甚至更长。成立于2000年的北京海信数码科技有限公司是一家由海信集团控股的高新技术企业。企业致力于计算机网络、通信等高科技领域的产品开发及市场开拓，是一家非常有实力和潜力的企业。然而，海信数码曾经有一年在行业内部显得非常低调，整体的业务都处于一个比较冷清的状态。对于这种情况，海信数码的CEO周险峰却并不着急，他说："我们一直在潜心钻研3C融合的发展道路。而现在也到了海信数码'破壁'的时候了。"

从2004年到2005年的一年时间里，海信数码在周险峰的带领下，做了一件事情，这件事情用周险峰自己的话来说，即是使海信数码在公司理念与意识上，转变成为一个真正意义上的3C公司。这是一个相当庞大的工程，周险峰自己曾经做了一个比喻："如果海信数码是一条正在行驶的船，那么我所做的并不是在原来的船上进行简单的修修补补，而是要想办法在这条船行驶的过程中对其所有层面（如人力资源、组织架构、信息系统、渠道建设等）进行重新打造，从而逐渐形成一个新的整体。"为了完成这个转变，周险峰做了详细的计划，决定从基本层面着手，进行大刀阔斧的改革，完成一个质的飞跃。在这个过程中，海信数码进行了两个方面的转变：一方面是将海信数码从过去的一个区域性公司转变为一个全国性公司。这是一个极其庞大的任务，包含了许多方面的转变，比如渠道、服务体系、仓储体系、产品制造等方面；在这个过程中海信数码还完成了管理中心和制造中心的迁移，以更好地促进其产业的发展。另一方面则是海信数码对企业文化进行了塑造，努力使企业从精神层面上完成向3C企业转变的过程。这种精神上的转变也是一种企业核心价值观的塑造，对于企业今后的发展有着潜移默化的影响。

为了达到计划要求，周险峰寻找了三个突破口，并都采取了相应的措施，张弛有致地将整个转变的过程进展下去。

海信数码的这个转变过程经历了一个较长的时间段——一年，在这一年中，海信数码只做了一件事情，即是将企业转变为3C企业。当然为了完成这个目标，在过程中海信数码还做了许许多多零碎的事情，这些事情又是同样秉承着在一个时间内只做一件事情的专心的态度去完成的，于是我们可以说海信数码这次转变的成功也就不足为怪了。

所以，我们可以看出一种做事的方式或者可以说是一种态度，即在一个大的时间段内只专注一个目标，而在这个大的时间段内的小时间段中又专注于每个小目标，如此便可以将一件事情有条理而又高效地完成。

有时候，一个时间只做一件事情反映的是专注的态度。周星驰曾经这样形容过自己的事业："我相信要做好一件事情，专注和投入是首要条件。就像我，我喜欢演戏，我就全力投入，我相信穷尽我一生的精力和时间，一定可以把演戏这事做好。……我现在又做导演又做编剧又做演员，对我来说，一年一部已经是极限。有些人同时可以做很多事情，但我却不可以，我做事需要很专注。"很多人羡慕周星驰的成功，可是却不能做到他那样专注。他很明白在一个时间只能做一件事情的道理，于是便安心把它做好，不去思虑其余许多乱七八糟的东西。这个态度甚至可以说是他在演艺圈成功的法宝。

除了以上说到的那些人，我们可以发现有许多成功的人包括大量的企业家都选择在一个时间只做一件事情的做事态度，几乎没有领导者提倡下属在一个时间内去做多件事情，所以，这也是一个经过大量实践之后被检验的真理。然而这并不是一个容易的事情，需要依靠平日习惯的培养。只有当你从内心认可了它的正确性，并在每次做事的时候努力去做，不被外界的种种其他事情吸引，逐渐养成习惯，那么你才能真正获得这个无价的宝贝！

第四章

执行内功，十年磨一剑

要成为一个成功人士，或者说要成为一个领域里的精英，并不是懂得行动的重要性就够的，它需要你快速行动并坚持不懈地做下去，要求你勇敢地去面对行动中的困难和坎坷，这样你的行动才有爆发力，你的执行力才有效果。

［宁愿训练摔断两根肋骨，不愿战场丢掉一条性命］

要成为一名合格的海豹突击队成员并不容易。

参选者一定得先通过基本水中爆破训练以及专业的海豹资格训练，最后才能佩戴显示海豹突击队的佩章，也就是海豹三叉，这枚佩章已经不仅仅是代表整个海豹突击队，间接也成为广为辨识的美国特战各军种的佩章之一。对于海豹突击队队员来说，驾驶充气艇也是这一阶段的常规训练：学员们6至8个人一组，扛着充气艇冲向大海，在3米高的海浪中拼命划桨。如果船被掀翻，全体学员都要受罚在沙滩上做俯卧撑，然后再次冲向大海，划桨，划桨……教官在授课时提到过一种危险情况：船被掀翻后，人会先被冲上岸，随后船也会被冲上岸，速度极快，像火箭弹一样。"这时，你该怎么办？是和船赛跑，看谁跑得快？当然不是。就像在马路上遇到迎面而来的汽车，你得让开道。同理，当船向你冲过来时，你一定要让出船行路线，沿着海滩平行逃离。"这个道理听起来简单，可实际训练中却往往因为慌张、恐惧而被忘得一干二净。有一次训练结束，一个学员正在沙滩上收拾划桨。突然，一艘无人驾驶的小船被海浪冲上岸，向他直奔而去。教官对着扩音器大声喊道："赶快离开那里，沿着沙滩平行跑！"可是，那名学员却本能地向岸边狂奔，试图跑得比船快。而他输了，小船将他劈倒，切断了他的大腿骨。学员中有一名医生，为他做了急救。溺水训练是训导阶段另一项基本内容，在海军两栖训练基地进行。学员们手脚都被绑起，听到教官命令后，跳入游泳池的深水区，先上下踩水20次，然后在水面上漂浮5分钟，再游到游泳池浅水区，掉头，身体不能接触池底，游回到深水区，做一个水下前翻滚，连着一个后翻滚，而后潜入池底，用嘴叼起一个面具，回到水面。

可见，海豹突击队今日成功的背后是艰辛的努力和付出，甚至要冒着生命的危险。

"如果说60年代的张伯伦是上帝派来的使者，那乔丹就是披着23号球衣的上帝本人！"拉里·伯德这样评价乔丹。由于乔丹退役后又复出，所以直到不久前，他才入选了名人堂，对于篮球上帝来说，这个迟到的荣誉是毫无争议的，他的职业生涯充满了辉煌，创下大大小小无数个纪录，乔丹必然是名人堂中最耀眼的那一位。

1963年2月17日，乔丹出生在纽约的布鲁克林区，从小就对篮球非常感兴趣。小学一年级后，乔丹业余时间都耗在了球场上。而威尔明顿兰尼高中是他篮球职业生涯的起点，不过年幼的乔丹并不引人注目，高中二年级时，他的身高只有5尺11寸，又瘦又小的他被教练从一队降入二队。不过乔丹没有放弃，每天坚持到球场帮助学长、教练们拿衣服，做卫生。在此期间多看球员们的训练，回家后加紧练习，并每天做增高训练。到了高三的时候，他入选了全美高中生阵容。高中毕业后的乔丹来到了北卡罗莱纳州立大学，仍然坚持训练。无论刮风下雨常常球场上仅剩下他一人在练习罚球动作，没过多久，乔丹就用自己的刻苦训练征服了队友和教练。1982年3月29日，NCAA决赛这一天，成了乔丹这个大一新生独自表演的舞台。乔治城和北卡的对决延续到最后31秒，乔治城领先1分，62∶61，北卡喊了暂停，史密斯教练犹豫了一会儿，对乔丹说："这个投篮，你来吧。"这个在当时被认为是赌徒式的决定在最后时刻收到了效果，数次传递后，乔丹终于获得了空当，他高高跳起，一个漂亮的投篮，球空心入网，北卡63∶62反超1分，最后15秒，北卡用强硬的防守扼杀了乔治城大学的进攻，登上了冠军宝座。多年后，乔丹在回忆这一球的时候如此说："那个球，它很像一道彩虹。"接着，乔丹凭借出色的表现入选了美国国家队，代表美国参加奥运会，并成功夺得了金牌，至此，乔丹这个名字已经在全世界球迷讨论的话题中频繁地出现了。这道"彩虹"也被看作乔丹通往胜利的桥梁。乔丹在1984年的选秀中首轮第三顺位被公牛队选走。而在北卡的队友对乔丹印象最深的是他的刻苦训练和坚持每天练习基本动作的精神。

看过《亮剑》的人都知道，在队伍的例行拼杀训练中，李云龙团长发现队伍的训练只是流于形式。想到战场上凶残的敌人，如果士兵自身的技能不能胜人一筹，就只能白白丢掉性命。李团长要求士兵训练务必接近实战，宁愿训练被战友踢断肋骨，也不能让战士在战斗中丢掉性命。这就是李云龙！一群狼的领袖，把队伍带得嗷嗷叫。战争年代第一目标就是保存自己消灭敌人，而今是和平年代，我们背负着家人的期盼，亲人盼着我们平安归来！每一次事故都是一个强大的敌人，如何通过平时的训练，达到实战时安全有序地处理风险事故，保护好自身和同事，是值得每一个成员深思的问题。只有在训练中积极思考演习预案中的不足，积极拓展思维，将预案中的各细节照顾到，才能在事故中抢得先机。每个人都是团队的一分子，在团队中扮演好自己的角色，搞好自身的本职工作，才能不辜负亲人的期盼。战斗的胜利一方面要凭借指挥员的指挥，另一方面还是要靠战士的"斗"，要靠真刀真枪的打。在当年的战争环境下，短兵相接，白刃相见的场面时有发生，提升战士的体质、提升部队拼刺刀的能力就成为切实提升部队战斗力的有效途径。

为提升部队的战斗能力，李云龙旗帜鲜明地提出实练真打的训练方式，战士手持木枪一对一地进行对打，一个营与另一个营进行混战，营长与营长直接对决。虽然训练中不断有战士挂彩，肋骨被打断的事情时有发生，但练时多流泪、战时少流血的指导原则不断激励着战士们不遗余力地操练，"实战"演练直接提升战士个人战斗力、提升部队整体战斗能力。而战斗能力的增强，直接使独立团在同敌人拼刺刀的近身战、扔手榴弹的阵地战中获得更多的优势，有更多的机会赢得战斗的胜利。

从组织行为学角度看，因人借势、稳定领导"权"，稳定了职位权力；善谋善断、建立领导"信"，树立了领导的威信；宽严相济、树立领导"形"，形成了良好的组织沟通氛围；有情有义、赢得下属"心"，构建了良好的组织文化基础；实战演练、提升战士"能"，极大地锻炼了队伍，提升了组织的能力和素质。李云龙是个农民，没多少文化，但他凭借人格魅力和行为艺术把独立团打造成一支敢打敢拼、不怕牺牲，能在枪林弹雨中勇往直前的铁军。我想，这应该给很多的管理者以很多的启发和很深的启迪。

《西京杂记》卷二："匡衡字稚圭，勤学而无烛，邻舍有烛而不逮。衡乃穿壁引其光，以书映光而读之。"

典故说的是，汉朝时候有个叫匡衡的人，非常喜欢读书。但是因为家境贫寒，买不起蜡烛，夜间无法照明读书。匡衡的邻居家里日子过得挺好，每天晚上都点起蜡烛，屋里照得通亮。他想到邻居家里去读书，可是遭到了拒绝。后来，匡衡想出了一个好办法，他偷偷地在墙壁上凿了一个小洞，邻居家里的亮光就透过来了，他把书本对着这光，读起来也挺方便。匡衡读的书愈来愈多，可是他没有钱去买书，怎么办呢？有一天，他发现县里一个财主家堆放了许多书，他就去帮助财主家干活，不要工钱。财主很奇怪，问他："小伙子，你为啥白白给我家干活呀？"匡衡也不隐瞒，就说："我给你干活，不想得到工钱，只想借你家里的书看看，不知你答应不？"财主非常高兴，就把家里的书全都借给了他。后来，匡衡成了一个有学问的人。

人生的意义在于重视积累，一步一个脚印，踏踏实实。千万不要指望一夜暴富，一夜成名。成功是靠一点一滴的基本训练积累起来的。而刻苦训练就像一家超级银行,你看似每天存了一点点微不足道的钱,但是你只要一直存下去,真的,它给你的利息计算可以复利哦,而且这种利滚利的财富等到你真正看见时你会吓一跳:老天呀,我怎么突然有了这么多钱!!因此千万不要浮躁,刻苦训练才是成为精英的唯一途径。

人无我有，人有我精，人精我进

俄罗斯和内蒙古草原上的大型食肉动物因为自然环境的残酷而被淘汰了许多，剩下的都是生存能力非常顽强的物种，狼就是其中之一。可以说，是狼强大的创意生存能力保证了它们在如此残酷的自然环境中生存，也可以说是这样的自然环境促进了狼群的改良，始终比别的动物多一种生存技能，使之具有了更强的适应能力。这就是狼比别的动物要更容易生存的道理。美国海豹突击队也像草原上的狼一样，是在不断的改变和适应中成为生活的强者的，各个都身怀绝技，真正做到了人无我有，人有我精，人精我进，比别人更高一招。

首先，正像人们所想象的那样，肩负特殊使命的海豹突击队队员都是千里挑一、万里挑一的军中精英。要想成为一名海豹突击队队员，在之前一定是一名高素质的职业军人。美国海豹突击队队员全部都是从各军种中挑选出的顶尖精英。在进入海豹突击队之前，他们都有一定的各军种生活经历，掌握了必要的军事专业技能，一些甚至还有实战经验。当然，担负不同特种作战任务的海豹小队在选拔队员时，也有自己的专业侧重点，但是却保证了其训练绝对比别国特种部队更胜一筹。

首要条件一定绝对强悍：从地理上看，波浪滔天的大海、峰峦叠嶂的高山、一眼望不到边的平原、神秘莫测的丛林都可能是特种作战战场；从气候上看，海豹突击队队员应能在酷暑严冬、风雨雷电中不分昼夜地连续作战；从作战技能上看，海豹突击队队员要能适应空降、机降、泅渡和徒涉等作战要求；

从生存环境上看，海豹突击队队员要能在断水断粮、孤身援尽的环境中，利用当地恶劣条件保全生存。这些极度恶劣的生存环境，对海豹突击队队员的身体素质又提出了很严苛的要求，要求所有队员一定具有强壮的体魄、坚强的毅力和持久的忍耐力，能最大限度地适应不同的作战环境。

海豹突击队成员往往在敌人心脏地带实施短促而高风险的作战，面临着常人难以想象的军事和心理压力，没有过人的智力就难以顺利执行作战任务。一名海豹突击队队员不仅要学会射击、格斗、刺杀和爆破技术，还要学会照相、窃听、通信、泅渡、滑雪、攀登和跳伞技术，以及警戒、侦察、搜索、捕俘、营救等战术技能，同时还要掌握一些疾病的防治、可食野生动植物的辨别等知识，以及预定作战地的语言、风俗等，这些没有较好的文化水平和理解力是难以实现的。以上只是入门条件，进入后将面临更严酷的训练，面临时时被淘汰的可能。

美国海豹小队演练选拔一名特种兵，体能是基础，其要求是：一天之内要完成下列科目：负重长跑25分钟内跑完5公里；做单双杠一、二练习各200个以上；400米障碍不超过1分45秒；投掷手榴弹数百次，每次须超过50米；一分钟内，俯卧撑100个或70斤杠铃手推60下。如果你能做到这些，也仅仅是刚跨进特种兵门槛。要想成为真正的特种兵，还要进行下面的专业训练。特种兵，由于执行的任务各异，在日常训练上也有所不同，但基本科目都体现了一个"严酷性"。其内容包括：（一）战斗技能训练。要求每一个特种兵熟练掌握本军和外军的各种武器，包括各种枪械、手榴弹、枪榴弹、小口径火炮和反坦克武器，徒手格斗更须技艺超群。每个特种兵都能适应巷战、夜战，并能搜捕、脱险逃生。（二）机动技能训练。各种车辆的驾驶固然不在话下，熟练地排除故障和使用机动工具上的设备及武器更是基本要求。（三）渗透技能训练。跳伞、攀登、穿越雷区、识图标图及远距离越野行军，这方面优秀的特种兵与同职业的运动员相比，其能力可不相上下。（四）侦察谍报技能训练。主要有观察潜伏、窃听、捕俘、审俘、照相等多种获取情报的手段，必要时还须使用密码通信联络。

这就是海豹小队战无不胜的秘密所在，人无我有，人有我精，也只有这样，才能够在激烈的竞争中生存。

不仅仅狼和海豹突击队如此，任何行业的精英都有过人的一面，有一句话叫作"一招吃遍天下鲜"，我只要有一手别人无法学会模仿的绝活，我就可以成功。然而这高过别人的一手却是要经过非常努力的训练才能达到的。

保持执行力
——养成终身学习的习惯

学习是精神生活的重要组成部分，也是人生永恒的主题。一个人能力素质的高低，最终取决于能否锲而不舍地坚持学习。荀子认为学习永无止境，只有生命完结了，学习才能停止。近代著名教育家陶行知先生一贯主张"活到老，干到老，学到老，用到老"。毛泽东同志的渊博知识、过人才智，也与他一生勤奋好学是分不开的。1976年9月，毛泽东同志逝世前夕，其卧室的床上、桌子上、书架上，还摆放着夹有纸条或翻开放着的《鲁迅全集》，这套书伴随伟人走完了生命的最后路程。联合国教科文组织在《终身教育的展望》一文中指出："学习和工作应该是人从生到死连续不断的过程"；后来又在《学会生存》一书中指出："学习是一辈子都要面对的课题"，"生活与学习合而为一"。也就是说，学习就是生活，生活就是学习，是相伴始终的一个过程。1994年在意大利罗马举行的首届世界终身学习会议，又进一步强调"如果没有终身学习的意识和能力就难以在21世纪生存"，"终身学习是21世纪的生存概念"。终身学习的理念已经成为一个民族、一个国家可持续发展的战略理念，学习能力成为社会、单位和个人的核心能力。

当今信息时代，科学技术迅猛发展，知识更新越来越快，"保鲜期"越来越短。人才学上的"蓄电池理论"告诉我们，一块高能电池的蓄电量是有限的。只有不断地进行周期性充电，才能可持续地释放能量。那种一次性"充电"即可受用终生的时代，已成为历史。农业经济时代只要7~14岁接受教育，就足以应付以后40年工作之需；工业经济时代，求学时间延至5~22岁；而进入信息技术高度发达的知识经济时代，则要求把12年的学校义务教育延长为80年制的终身教育。因此，每个人只有终身持续不断地学习更新自己的知识，才能与时俱进，胜任本职工作。

一些人削尖了脑袋要进海豹突击队，有人却迫不及待想当逃兵。教官斯通·克兰姆嚷嚷道："你们不能现在就退缩！训练还没有真正开始！因为训练将持续到你退伍的那一天。"海豹突击队队员正式成为海豹队员后，将要面对的是比训练时更加残酷艰难的磨炼，因为要保证随时保持战斗力。每天都要做俯卧撑、跑步、柔软体操、游泳、障碍跑……日复一日。

特别是每个周日晚，训练营里都会突然枪声大作，学员们冲到操场上，看到模拟大炮在发射炮弹，M－60坦克在扫射，一台机器喷着浓烟，绿色信号弹划破天空，高压水管喷着水柱，空气里弥漫着火药味……一切是那么逼真，好像战争已经打响，唯有高音喇叭里传来的是AC/DC乐队经典摇滚作品《奔向地狱》。即做一项残酷的训练，就是在水中装死人：学员们穿着军服，光着脚跳入水中，面朝下，一动不动地装死。换气一定十分小心，迅速吸一口气后立刻恢复"死人"状态。当身体执着下沉得厉害时，才能踩一两下水，让身体浮起来。整个过程，身体一定保持高度紧张。其间，有几个队员忍受不了冰冷的海水，游回了岸。斯通·克兰姆教官说："如果再有一名学员去敲那个铃，其余人就可回到水面。救护车里有温暖的毛毯和热巧克力等着你们。"不久，铃声又响了。剩余学员兴高采烈地上了岸，却被教官命令道："脱下裤子，躺在码头上。如果没有穿短裤，赤身裸体更好。"夜晚的海风寒冷刺骨，队员们感觉自己好像躺在一块冰上。教官用水管向队员们喷冷水，队员们个个冻得浑身发抖。

如此折腾之后，所有队员都经历了二级体温过低：身体剧烈颤抖，意识轻度混乱，说话语无伦次。也有人可能体验了三级体温过低：体温不到36℃，身体停止颤抖，开始像傻子一样胡言乱语。"更高一级"就是死亡。教官监测着空气和水温，以考察学员们的耐寒极限，同时确保不发生永久性冻伤的后果。其间，铃声此起彼伏，感觉像发生了火灾。救护车的门敞开着，里面坐满了选择放弃的学员，他们裹着毛毯，喝着热巧克力。

"地狱周日"的训练极其艰难，支撑队员们的只有他们的信念，他们只能相信自己能完成任务，能熬过"地狱周日"。在心理学上，这叫"自我效能"：即便任务看起来不可能完成，信念的力量也能让成功成为可能。

海豹突击队的成功是他们不懈努力的结果，只有不断地训练学习才能适应瞬息万变的环境。而作为社会成员，我们也只有养成终身学习的习惯，才能真正创立学习型社会，并发挥其功能。以下对于如何培养终身学习的习惯，提出八项具体的建议。

第一，个人创立主动学习的意愿、态度及能力，是建立学习型社会的主要条件。

第二，个人应该熟悉多元的学习渠道。

第三，想要终身学习的人，就要掌握各种学习的机会。

第四，从事学历与文凭以外的学习，也是人生的一大快事。

第五，快速适应具体环境，并能充分运用必要的器材。

第六，个人不仅要有迅速获得信息的习惯，更要有汇整与批判信息的习惯。

第七，终身学习的内涵是整体的，而不仅是对知识的学习。

第八，养成终身学习的习惯，要让学习动机与学习成就，循环作用，相互回馈。

须知上行下效，一切从领导抓起

有这么一个故事。一位牧羊人丢失了最心疼的一只羊羔。于是他对羊群说："不知为什么？狼总要叼走我的羊！所以以后我每天都要重数一遍。可我现在总是难以忘却我那刚丢失的可怜的小羊羔，罗宾。这只羊曾随我浪迹天涯，四处漂泊。你不知道，它听得懂我吹的风笛，我离它百步之遥它就能感觉到我的到来。罗宾，你这可怜的东西啊！"

牧羊人面对数千只羊进行了一通激动人心的演讲，又是为它们出谋划策，又是为它们打气鼓劲。牧羊人鼓动大家凭着钢铁般的意志来抵御群狼的威胁。在他的鼓舞下，群羊以自己的名誉保证，它们将像磐石一般绝不动摇。它们表示："我们要杀掉那只从我们这儿叼走罗宾的恶狼。"羊群纷纷响应，牧羊人大加赞赏。

夜幕来临后，狼悄悄地接近羊群，羊群又发生了骚乱。牧羊人一看见狼阴森的眼神，吓得掉头就跑，整个羊群全炸了营，全跑了。天亮后，牧羊人对着空空的羊圈放声大哭，诅咒所有抛弃了他的羊。风吹过来，责备他说："不要责怪别人，因为你不是一个真正的牧羊人！"

在危急时刻，牧羊人抛弃了自己心爱的羊，好比一个抛弃了自己下属的领导，他也会被下属抛弃。从这个故事中，我们可以看到一个成功的领导人不但要具备能力、才华和胆识，还要有一些当领导的技巧。尤其是他的身体力行，比滔滔不绝口若悬河的言教要强许多。

自古以来，人们就知道上行下效的道理，俗语中也有"上梁不正下梁歪"的说法。《韩非子》中也有记载齐桓公好服紫的故事。相传，齐桓公喜欢穿紫色的衣服，于是全国老少也都穿上了紫色的衣服，并蔚为风潮。由于供不应求，紫布的价格被抬到了很高，通常五匹素布也换不到一匹紫布。齐桓公对此十分忧虑，于是对管仲说："我喜欢穿紫色的衣服，所以紫色的衣料昂贵得厉害，但全国的百姓却喜欢穿紫色的衣服没个完，我该怎么办呢？"管仲说："您想制止这种情况，臣倒有一个办法，您可以对身边的侍从说：'我非常厌恶紫色衣服的气味。'只要有人身着紫衣从您身旁经过，您就说：'稍微退后点，我厌恶紫色衣服的气味。'"桓公觉得此法甚好，干脆地应允了。此话一出，国中再也没有人愿意穿紫衣了。

孟子曾说："上有所好，下必甚焉"，告诫人们，作为领导人或社会公众人物，其一言一行必须谨慎，必须充分考虑由之所带来的社会影响，这个道理在企业管理中同样适用。所以，作为企业中的领导，必须以身作则，严格自律，如果领导者能保持正确的行为规范，那么企业必然就具备了一项走向成功的重要因素。而且这种行为规范有可能成为一种企业文化，并随着具体贯彻而深入人心，企业员工也自然会受到此种操守的感染，并以领导者为榜样，不断调整自己的行为，使之与企业的发展方向保持一致。当所有的员工都这样做之后，在企业内部就会形成一股合力，大力推动着企业向前发展。所以，领导者应从自身做起，时刻反观其言、反观其行，做到曾子所说的："吾日而三省吾身"，做员工心中的典范。

另外，除了端正自己的行为外，遇到问题时，领导者还须总结经验与教训，检讨自身不足，客观分析产生问题的原因，而不要只顾推卸责任，往他人身上找毛病。

某家企业，自2001年改制以来，公司得到了十足飞速的发展，从最初资产不足1000万，到如今已达近8亿的销售规模，甚至还有可能突破10亿的目标。但这样的企业，从自身来说，依然存在不少的问题。

通过对该家企业的调研发现，这家企业老板对员工总是大加抱怨，上至管理人员下至员工，都存在执行力不强，责任心不足的弊病。

经过深入的分析，专家们发现了其中的原因。由于是改制企业，该公司遗留着较为严重的历史问题。该企业有两位老板，分别是董事长兼总经理及副董事长兼副总经理兼党委书记，而矛盾的根源就是出在二老身上。两位老板经常意见相反，在进行一些决策时，常常会出现意见不一、争论不休的情况，由此造成了决策过程缓慢，公司效率不足的现状。

同时，这两位老板又都有一个统一的坏毛病——好管事，事无巨细都要亲自过问，统统不愿放过。同时，他们自己还身兼数职，大老板分管销售，兼任销售副总，二老板分管生产与行政，兼任生产与行政副总，因此，很多具体事务，都由两位老板主抓，一直管到细节。

因而中下层人员常常抱怨，自己根本没有发挥的空间，很多事情都是由老板自己决定，做事束手束脚。感觉工作起来很压抑，缺乏积极性。另外，该公司高层薪酬较高，中层与高层薪酬水平差距较大，这更加导致中层人员积极性受到影响。诸多原因造成管理人员常常得过且过，不愿意主动承担起责任，企业执行力受到极大影响。

其实，这些弊端许多企业都有，很多老板总是抱怨，员工没有责任心，执行力差，但很少去思考，为什么会有这些问题，实际上，综合分析，根本原因还出自老板身上。所以，聪明的领导者应学会适度改变，从自身问题开始抓起，各种困难必然迎刃而解。

执行要突破常规思维方式

人能够掌握自己的命运吗？在时代的大潮中，绝大多数人就像惊涛骇浪中被挟裹翻滚的一粒细沙，随着社会的变动而大起大落；少数聪明灵活的人就像漂浮在水面的一块软木，始终不会沉没但没有自己的方向；只有那些真正能够把握自己命运的人，就像一艘巨舰乘风破浪，稳稳地驶向自己的目的地，这样的人少之又少。成功者总是那些能够突破常规思维的人。他们蔑视权威、抛开书本、不盲目从众，他们眼光犀利、头脑冷静，目光比常人更透彻、思虑比常人更全面、谋略比常人更长远、意志比常人更坚定，正因如此，他们才没有湮没在大众之中，而是成为主宰人生的胜利者。

所谓常规思维，是指你和身边多数人普遍认同、自觉遵循的观念、思维、准则等。生活中充满了常规思维。常规思维看似天经地义、毋庸置疑，但正因如此，它成为我们头脑中的思维定式，反而阻挠了我们去直接面对真实的世界。常规思维会给我们一种虚幻的、短暂的安全感，但却是我们获得成功的最大障碍，常规思维是我们拥有幸福的最大敌人。请牢记：一味遵循常规思维，就是掩耳盗铃、欺骗自己。每当你发现自己和大多数人站在一起时，就一定要停下来，冷静地重新审视自己的想法。

突破常规思维，决不是逆反常规思维，决不是刻意背离大众、处处与常规思维对立。突破常规思维的束缚，意味着直接面对现实、了解真相、正确应对。

遵循常规思维，就好像一个人闭着眼睛在路上走，心里非常恐慌，只好跟从别人的引导，让别人的决定来影响你自己的命运；而反常规思维则是故意不按别人的指挥走，与别人作对，其实仍然是闭着眼睛看不到自己的路，这不是真正的突破；真正的突破是睁开眼睛，自己看清楚路况、看清楚方向，然后不再有任何犹豫和恐惧，选择最正确、最有效的道路。

在我们身边，遵循常规思维的人永远是平庸的大多数，而反常规思维的则是少数激进的叛逆分子，只有极少数真正成功的人，既不一味随波逐流，又不刻意与常规思维对立，他们才是真正突破了常规思维的人。

在我国唐代，唐德宗费了四年时间，用征讨和妥协的办法，勉强平息了河北藩镇的叛乱。可是藩镇势力并没有真正肃清。许多节度使仍然割据一方，称王称霸，继续对抗朝廷。淮西节度使吴少诚、吴少阳和吴元济，相继以蔡州为老窝，盘踞淮河上游地区30多年，朝廷对他们束手无策，他们竟明目张胆地建起了国中国。他们时常派兵出去掠夺烧杀，人民长期处在这伙人的暴虐统治之下，生活在水深火热之中。朝廷多次出兵征讨，但并没有取得多少成效。唐宪宗元和十一年（816年）正月，朝廷任命李愬为唐（现在河南省唐河县）、随（现在湖北省随县）、邓（现在河南省邓县）三州节度使，继续组织军队，从南路讨伐吴元济。李愬是德宗时候大将李晟的儿子，本来在朝廷中担任比较低的官职。但是此人很有谋略，又善于骑马射箭，是个将才。

李愬了解到，由于连年打仗败多胜少，官军士气低落，军心涣散。所以，当他接到朝廷任命，到唐州上任的时候，故意对出城来迎接他的官员说："皇上知道我懦弱怕事，能够忍受屈辱，所以才派我来抚慰你们。至于攻城作战，那并不是我的职责。"军士们听说了，知道目前并不打仗，人心才安定下来。这话传到了吴元济的耳朵里，他真的以为李愬是个胆小怕事、不敢打仗的人；加上李愬官职卑微，名声不大，就更不把李愬放在心上，不防备李愬从南路来进攻他。面对朝廷的进攻，吴元济让大将董重质率领淮西军的主力各军种,驻守在洄曲(现在河南省郾城县东北),抵挡唐军将领李光颜从北路的进攻。至于蔡州,吴元济认为,官军有30多年没有到这里,今后也仍然来不了,因此反倒没有怎么设防。李愬到唐州以后,下令解散原来官员设置的戏班和乐班,不举行任何宴会,自己和士卒同甘共苦。他经常到各个营房去探望,看见伤病的士卒,就亲自端汤送药,进行慰问。

军士们见主将这样关心他们,都表示愿意为朝廷出力作战。李愬见军心已经振作,士气日益高昂,而蔡州又比较空虚,于是暗暗下了袭取蔡州的决心。他一面扩充军队,赶造兵器;一面对敌军分化瓦解,优待和重用俘虏。二月间,李愬的部将活捉了淮西军勇将丁士良,李愬不但没有杀他,而且叫他当了"捉生将",丁士良捉住了淮西军文成栅的参谋陈光洽,迫使文成栅的主将吴秀琳率领三千人马前来投降。李愬亲自给吴秀琳解开绳子,让他当了"衙将"。吴秀琳感恩图报、献计说:"您要破吴元济,非得到李佑不可。"李佑是淮西有名的骑兵将领,很有胆略。李愬用计俘获了李佑,以诚相待,任命他担任"六院兵马使",负责指挥三千人的敢死队。听说李愬这样优待俘虏,淮西的老百姓纷纷前来投奔,淮西的士卒和将领也不断前来归顺。李愬都亲切抚慰他们,生活上给予妥善安置。

凡是从淮西过来的人,李愬都亲自找他们谈话。这样,就把淮西各方面的情况,了解得一清二楚,为袭取蔡州掌握了充分的依据。这年三月,李愬派了一支队伍去攻打朗山,结果吃了败仗。将士们很不服气,请求再战。李愬却说:"这次就是要打个败仗,不能打胜仗。"九月,李愬亲自带领一支人马攻占了吴房外城,杀死淮西将领一人,士卒一千多人。部下都建议乘胜攻下吴房内城。李愬回答说:"这不是咱们的目的。"就带兵回营了。这时候,唐宪宗任命坚决主张平定叛乱的宰相裴度当了统兵元帅,驻扎在郾城,统一指挥平定淮西的军事。李愬见攻打蔡州的条件已经成熟,就制定了一个完整的作战方案，派人送到郾城。裴度十分赞赏李愬的用兵策略，说："要破蔡州，非出奇计不能制胜。"立即批准了这个方案。十月十五日一早，北风骤起，天空浓云密布，接着下起了纷纷扬扬的大雪。

李愬传下将令：李佑带领三千敢死队做先锋，他自己带领三千人马为中军，李进诚带领三千人做后卫，立即从文成栅出发。将领们问出兵到哪里，李愬只是说："向东开拔！"黄昏时候，队伍行进到离蔡州七十里的张柴村，把守卫在那里的淮西军全部歼灭。李愬传令各军种稍微休整一下，留下五百人守张柴村，其余军种连夜继续东进。将领们又问到底到哪里去。李愬这时候才说："到蔡州城，捉吴元济！"大家听了大吃一惊，可又不敢违抗军令，只得带领队伍冒雪行军。雪越下越紧，风越刮越大，天气越来越冷。旗帜给风撕裂了。战马冻得只肯慢慢行走。不少士卒抗不住风雪严寒，抱着戈矛倒在路旁冻死了。

从张柴村往东，官军多年没有走过这条路，对它十分生疏，加上夜间行军，寒风刺骨，人人估计自己必死无疑，但是都知道李愬军令森严，谁也不敢退缩，只得横下一条心：反正是死，与其冻死在路上，不如坚持行军到蔡州，拼死打一仗，也许还能活。这一来，身上反而觉得有劲了，前进的速度也加快了。下半夜终于到达蔡州城附近。因为30多年来官军从来没有到过蔡州城，所以淮西军一点也没有防备。蔡州城外有个养鹅鸭的池塘，李愬叫士卒们赶起鹅鸭，呱呱乱叫。官军队伍趁着闹声一直来到城墙下，始终没被敌军发觉。李佑等将领在城墙上挖下土坎，攀登上去，精壮士卒也跟着爬了上去。

他们把正熟睡的淮西军守城士兵全部杀死，只留下更夫继续打更。然后打开城门，大队人马一拥而入。鸡叫三遍的时候，李愬已经进入吴元济的外宅。吴元济的亲兵被惊醒了，赶快报告主帅："官军来啦！"吴元济在被窝里笑着说："准是俘虏和囚犯们在偷东西，等天亮把他们全部杀死！"过一会儿又有人跑来报告:"城已经陷落了!"吴元济说:"这一定是洄曲子弟来向我求寒衣呢。"他披衣起床,站在大厅里侧耳一听,只听见李愬的军官在传达号令,下边响应的大概有上万人。他这才害怕起来,赶紧带领亲兵,登上内城的牙城进行抵抗。李愬命令将士前去攻打牙城,捣毁了牙城的外门,收缴了里面的兵甲器械。天亮以后,官军放火焚烧内城的南门。城里的老百姓平时恨透了吴元济,这时候都争着背柴担草,帮助官军焚烧城门。城门烧毁了,官军又拥入内城。

吴元济见大势已去,只好在城上低头请罪。第三天,李愬命令把吴元济装进囚车,押送到京城报捷。淮西大将董重质,还率领一万多精兵屯驻在洄曲。李愬决定争取他,亲自到董重质的家里去访问,抚慰他的家属;并且派他的儿子,拿着书信去劝他归顺朝廷。董重质看了李愬的信,单人匹马到蔡州来向李愬投降。北路的唐军将领李光颜,立即赶到洄曲军营,招降了董重质的全部人马。接着,申州(现在河南省信阳市)、光州(现在河南省光山县)等地的淮西军二万多人,也都先后投降了。事后,李愬请裴度进驻蔡州城,主持受降的事情。他自己带兵回到文成栅。这时候,将领们问李愬:"当初咱们在朗山打了败仗,您不发愁,反倒高兴;在吴房打了胜仗,您不乘胜拿下这个地方;冒着大风大雪,连夜急行军,孤军深入,直取蔡州,一战成功:请问这是为什么?"李愬笑了笑,从容地回答说:"在朗山故意打个败仗,是为了麻痹敌人,让他们不做防备。打了胜仗而不攻占吴房,是免得敌人把这里的各军种撤回蔡州,并力固守,达到继续分散敌人兵力的目的。大风大雪,天气阴晦,敌人看不见报警的烽火,不知道咱们会突然进击。孤军深入,士卒们抱着必死的决心,有进无退,所以能够一举袭取蔡州,活捉吴元济。"这年十一月,吴元济被押送到了京城。唐宪宗下令把他杀死在长安的独柳树下。为患30多年的淮西割据,就这样消灭了。平定淮西,使东都洛阳和江淮地区免除了威胁,意义是重大的。其他藩镇看到朝廷有决心、有力量去征讨叛乱，不得不收敛一些，表示服从朝廷。唐朝又出现了比较统一的局面，这对人民生活和社会生产，都是有利的。

　　从上面的例子我们可以看到，要想做到完美，比别人更成功，就要突破常规思维，想别人想不到，做别人不敢做的事情，只有这样才可以出其不意，出奇制胜。

执行除了做到完美，还要做到敏捷

人人都想成功，为什么有些人总是错过成功的机会？原因是"行动"被"拖延"偷走了。拖延是个专偷行动的"贼"，它在偷窃你的行动时，常常给你构筑一个"舒适区"，让你早上躺在床上不想起来，起床后什么也不想干，能拖到明天的事今天不做，能推给别人的事自己不干，不懂的事不想懂，不会做的事不想学。它让你的思想行动停留在这个"舒适区"里，对任何主动的思想行动，都觉得不舒服，不习惯。这个"贼"能偷走人的行动，同时也能偷走人的希望、人的健康、人的成功。中国有句俗语："一步赶不上，步步赶不上。"又有"起跑领先一小步，人生领先一大步。"在竞争激烈的时代，要如何在同辈之间脱颖而出？其方法就是比别人快一步，抢占先机，赢得成功。

因为，新经济时代，是以"快"赢得天下的时代。在商场，竞争就是时间的竞争，快就是机会！快就是效率！任何领先都是时间的领先。

在微软公司，比尔·盖茨经常告诫他的员工："现在是互联网时代，不是大鱼吃小鱼，而是快鱼吃慢鱼。你比别人快，才能在竞争中赢得机会。"比尔·盖茨成天赶着他们工作，时间要求得非常严格。他仿佛成了只会催促"快点！快点！"的"魔鬼"。

确实，比尔·盖茨是一个与时间赛跑的人，做什么事都讲究速度。有一次，他去访问硅谷的计算机制造商。在一条路上，他得到了警察开具的三张超速行驶的罚单，其中两张是同一天被同一个警察处罚的。他来来去去开车都开得很快。

他用的是微软的速度。可惜的是，警察并不理解这种速度的含义和这位司机的真实思想，而仅仅认可罚单的权威性。但比尔·盖茨知道，现代商场的竞争就是"快鱼吃慢鱼"。先行一步，在大家尚未意识到时就投入到一种生意中，就能饮得"头啖汤"，狠狠地赚一把。用头脑去创造商机远比跟在别人后面捡钱更快得多。

日本著名企业家盛田昭夫说："我们慢，不是因为我们不快，而是因为对手更快。如果你每天落后别人半步，一年后就是一百八十三步，十年后即十万八千里。"与时间赛跑，比别人跑得更快才有赢的机会。

谁快谁就赢，谁快谁生存，这是自然界的生存法则，这在现代社会、现代职场同样适应。在现代职场生存，不管你多优秀，如果你不会管理时间，不会抓紧每分每秒，不能比别人更快，就有可能遭到对手无情的打击，自己也会理所当然地遭遇失败，甚至会让比你"快"的对手吃掉。

竞争的实质，就是在最快的时间内做出最好的东西。人生最大的成功，就是在最短的时间内达成最多的目标。最快的冠军只有一个，任何领先都是时间的领先！

与时间赛跑，做什么事都要讲究速度。做什么事都要比别人做得更快，比别人做得更好，这样才能在竞争中赢得成功的机会。

这是个快速发展的时代，这是个不进则退的时代，这是个有梦想就能成功的时代，更是个掌握先机，就能赢得尊重和掌声的时代。竞赛以"快"取胜，搏击以"快"打慢，军事"先"下手为强，跆拳道要求心快、眼快、手快，商战也早已从"大鱼吃小鱼"变为"快鱼吃慢鱼"。总之，一言以蔽之：百法有百解，唯快无解！大而慢等于弱，小而快可变强，大而快王中王！快就是机会，快就是效率，快就是瞬间的"大"，无数的瞬间就是恒久的"强"。

两年前，一位刚从某大学电子工程系毕业的小伙子，在厦门的一家商场里做了商场营业员。虽然如此，但小伙子还是时时关注着身边的每一件事，希望能找到创业的好机会。

小伙子在商场里负责小家电产品柜的促销导购，因为和自己所学的专业对口，他渐渐喜欢上了这份工作，在为顾客介绍产品时，也总能讲解得特别专业和细致。这样一来，他的销售额直线上升。而每当有新产品到来时，他都要对产品的功能和构造进行研究，甚至还会在原来的基础上发现它们功能的不足，然后根据自己的创意在脑中努力去完善它们。

有一天快下班时，一位顾客走进商场想购买一款用于清新空气的杀菌机器。小伙子向他推荐当时最流行、最热销的臭氧消毒机，可那位顾客对此并不满意，他还想要具有过滤空气、清除颗粒灰尘的功能，于是小伙子又向他推荐了单独的空气净化机。但这同样不行，因为顾客又嫌多买一个机器回家占地方，而且价格也贵。一番考虑后，结果顾客什么也没有买，遗憾地走了。看着顾客离开，小伙子禁不住想：如果将多种功能集中在一起，既能避免顾客买了多种机器在家摆放占地的不便，还能降低成本，让顾客受益，岂不是非常好？对于这样一个瞬间的灵感，他并没有只是一想而过，而是开始查找资料。"我一定要比别人快一步实施这个灵感！"他在心里想。经过半年努力，小伙子终于成功地将HEPA过滤技术、负氧离子、臭氧技术这三种技术集中在一起，设计出了具有多重功能的空气清新机。高效HEPA过滤网，可过滤空气中99.9%以上的尘埃微粒、花粉、细微毛发、螨虫尸体、烟雾等；采用活性炭，具有强大的吸附作用和脱臭功能；每秒钟散发150万个负氧离子可增强心肺功能、提高人体免疫力；经过空气干燥后的臭氧，纯度更高，杀菌能力更强。产品技术完善后，小伙子又设计出了更具人性化的样机。之后，他带着样机找到了好几个生产小家电的厂家希望合作，但是厂家却表示只能由小伙子付款，他们才肯生产，至于双方合作，他们并不愿意承担其中的风险。虽然遭到了拒绝，但小伙子并没有沮丧，在继续找人合作的同时，他还向国家申请了专利。他觉得暂时的失败并不能说明什么，这个产品将来一定会有非常好的市场，所以一定要保牢自己的专利权。几个月后，小伙子找到了一家港商投资的公司，但对方提出要产品有市场反馈时才能投资。产品尚未生产出来，怎么能看到反馈？小伙子一动脑筋，想到互联网，于是把自己的样机当产品放到了网上投石问路。很快，产品在网上有了动静，香港的几家公司和欧盟国家的一些公司都发来了邮件询问，美国的一家公司甚至还发来邮件，要求订购500台这样的机器。这种反馈让小伙子自己都没有想到。第一笔业务，让他们赚得了100多万元。

　　不久小伙子也很快拥有了自己的公司，在之后的几年里，小伙子又研发出了一系列功能和外观都全新的机器，在市场上一亮相就受到了国内外客商的青睐，并且都成功申请到了专利。到目前为止，小伙子的业务已经涉及了全球22个国家和地区，随着产品不断外输、公司不断壮大，小伙子的名声也日益远扬。没错，他就是被业界和媒体们称作"空气清新机革命者"的罗光明！对于自己的成功，罗光明总是这样谦虚地说："成功其实很简单，当你拥有灵感时，只需要把这个灵感比别人快一步做出来就行了！"

　　是的，把灵感比别人快一步做出来！在我们目前这个到处充斥着"职业规划""成功步骤"等等关键词的职场，罗光明的"比人快一步"，确实值得我们思考和借鉴！

　　中途岛战役是第二次世界大战中美国形势的历史性转折。这是充满传奇故事的一天。两个隔1600多公里大洋相望但从未见过面的最强大的舰队，这天用它们航母上起飞的飞机决一死战。这次战役中的最有决定性的事件持续了不足5分钟，但却是整个战争中最关键的5分钟。美国将其胜利归功于勇敢、英明以及其他东西。中途岛是美国最西端的太平洋跳板。距夏威夷群岛珍珠港

1828公里。中途岛的两个小岛上设有一个简易机场和一个海军基地,到处巢居着珍奇的小鸟和美丽的海鸥。美国中校吉米·杜利特尔通过从"大黄蜂号"航母上起飞的B-25型轰炸机空袭东京并击中战略目标的举动,大大激怒了好战而傲慢的日本内阁,从而使日本攻占中途岛的计划浮出水面。顽固透顶的日本联合舰队司令山本五十六获准实施"海上丛林伏击战"。他的作战计划是:日本佯攻阿留申群岛,然后轰炸并占领中途岛;在数量上少于日本舰队的美国舰队只得急忙前来救援。

中途岛攻击定于6月初实施。现在已经是5月中旬。美军太平洋总部司令切斯特·尼米兹迅速调集战舰。在珊瑚海之战后需要进行3个月修理的"约克城号"航母,在珍珠港用了2天2夜拼凑起来,尼米兹司令溅着海水来到排干了水的船坞亲自查看巨大舰体遭受的破坏情况。作为珍珠港战役续篇的这样一次美妙的战役,其中有很多消息需要像珍珠港战役一样的保密。然而,这次战役的机密因日本人的不慎而很快落入了美国人之手。东京方面根本不知道夏威夷已经破译了日本海军密码。美军破译人员,像水手们追逐漂亮的波利尼西亚妇女一样,不知疲倦地、兴致勃勃地追逐45000个五密码数字的含义。密码破译人员将破出的密码拼在一起,形成攻击一个目标的大型作战活动,这个目标仅仅被识别为"AF"。他们相信"AF"就是中途岛。攻击之日飞速到来。在日本舰队驶抵中途岛西北部海域时,一支迎战的美国舰队正从东南方向在无线电静默的掩护下朝它驶去。双方力量对比是:美军3艘航母和24艘其他战舰;日军4艘大型航母和82艘其他战舰。美军虽然在兵力对比上处于劣势,但他们运用了突然袭击的战术,以迅雷不及掩耳之势,一举歼灭了敌人海军的皇后——航空母舰。来自中途岛的这些飞行中队,尽管损失了一些飞机和人员,也没击伤敌人一艘战舰。然而,他们使日本海军第1航母编队司令南云催千海将的旗舰"赤诚号"航母的驾驶台成了犹豫不决的孤岛。在上午7时,南云曾收到空袭中途岛行动指挥官发来的一份无线电报：要捣毁中途岛的防御，需要实施第二次攻击。10分钟后在这位海将头顶上掠过的美国飞机似乎证实，中途岛确实还有大量的反击力量。93架全副武装的鱼雷轰炸机，在甲板上严阵以待，准备在一艘美国航母被发现时立即出击。南云现在命令这些飞机重新装上适合对中途岛进行第二次攻击的陆地炸弹。军械人员紧张地工作，但在弹药装了一半时，一架侦察机报告："10艘敌舰，在东面320公里。"

美国的"大黄蜂号"和"企业号"航母刚一进入航空攻击作战半径，海军中将雷蒙德·斯普鲁恩斯就命令航母上的轰炸机和战斗机发起攻击。他希望将敌人的航母摧毁于甲板上充满正在进行加油和重新装弹的飞机之时。的确，上午9时18分，就在从中途岛返回的最后一架日本飞机被航母甲板上的拦阻索钩住时，斯普鲁恩斯将军的第一批飞机到达了。这一批由从"大黄蜂号"航母起飞的15架"蹂躏者"式飞机组成，事后不久它们以第8鱼雷中队闻名于世。这个中队在一个云峰与护航的战斗机分离后，拼命飞向日本航母。不幸的是，所有15架轰炸机不是被击落就是在水上迫降；所有30名飞行员除一人外全部丧生。这一名幸存者是乔治·盖伊海军少尉，他吊挂在座椅气垫下面，在海水里漂游，未遭日本"零"式飞机扫射。又有两波"蹂躏者"轰炸机飞来，全部遇到同样可怕的命运：投下的几枚鱼雷未击中任何目标，26架飞机中的20架被日军舰载高射炮或"零"式飞机的20毫米机关炮打入海底。经过3小时的激战，日本的防御屏障似乎证明牢不可破，因此日军改变了93架轰炸机和鱼雷飞机的任务。但在上午10时22分，这个牢不可破的防御屏障终于打开一个缺口。"飞龙号"航母突然脱离箱形编队，向北驶去；但其余3艘航母仍然抱成一团，在飞机起飞点进行反击。它们的飞行甲板成了激起大灾难降临的地方：一群飞行员激动地加大发动机的转速，一堆堆炸弹放得乱七八糟，军官、士兵紧张地奔跑，高辛烷油料软管像蛇一样在人们的脚下弯弯曲曲。"零"式飞机正在低空飞行，追击低空飞行的美军鱼雷飞机。这使日本航母缺少对付高空攻击的战斗机的巡逻掩护。正在这时，美国海军韦德·麦克拉斯基少校率领的从"企业号"航母起飞的36架"无所畏惧"式俯冲轰炸机和马克斯韦尔·莱斯利少校率领的从"约克城号"航母飞掠下来，尖叫声令人毛骨悚然的17架俯冲轰炸机，突然破云而出。

中途岛战役决定了日本的命运，粉碎了它的贪婪欲望，使其企图占领澳大利亚或夏威夷的野心化为泡影。8月，美国陆战队将在瓜达卡纳尔登陆，斩断东京的帝国主义侵略魔爪。日本侵略者在中途岛的灭亡，是对其即将进行大屠杀的小小报应。1943年4月，山本本人将上西天——在加密电报泄露了他的飞行航线后，他在所罗门群岛上空被美国的战斗机飞行员们击中——美军的破译人员为此立下了汗马功劳，他们在关键时刻将日本电报破译，他们的铅笔头比20毫米的加农炮还厉害。

第五章

GO GO GO
执行为王

要知道，要成功，面对再大的困难，我们也不能气馁，有所行动，不行动就不会成为真正的王者。换句话说，想要成为真正的王者，就必须迎难而上，节节突破，不断攀升。弱小、胆怯的人遇到困难时，往往畏畏缩缩，甚至落荒而逃。相比较而言，那些想要有一番作为，期待成为真正的王者的人，在与困难狭路相逢时，却不轻言放弃，而是毅然决然地选择"GO"，坚持"GO"，永不后悔的"GO"。

狭路相逢勇者胜，决斗吧

中国有句古训"才、学、胆、识，胆为先"。有人以为胆量算不上什么，然而仔细看一下我们周围的人，你就不难发现，天下其实永远都不缺少有才华的人，有才华的人到处都是，但真正有胆量的人，却是少之又少。

许多能人，做事冷静沉着，看问题仔细清楚，破解事物的本领到了惊人的程度，但他们却做不来事。有时正是由于他们的精明，一生平平淡淡，淹没在自己的所谓智慧里。据美国企业家协会的调查统计，天下真正做大事的人，不一定都是精明人，但一定都是有胆量的人。做一个有胆量的人，比做一个有能力的精明人更难。所谓的胆量，说的是失与舍，以及对未知事物的甘心承受。这种胆量，往往是特指承受失败的胆量和勇气。

在日常生活中，谁会没有事就想着去折腾，然后承受失败的恶果呢？精明人，有能力的人，大都不愿意这么做事，更不愿意这么生活。只有有胆量的人，不怕挫折的人，甚至是不怕死的人，才肯这么做事。但凡天下大事，一定要有胆量才能做得起，撑得住。

有意思的是，英国心理学家在调查中发现，许多的能人、精明人，为了成就他们所面临的事业，长年学习和掌握的，原来都是围绕着如何提高自己胆量的问题。他们终日在心里默默训练的那个东西，原来也是胆量。他们说的要全面提升素质，原来就是如何提升自己的胆量。

为此，英国科学家得出一个结论：胆量，往往才是承受生活中一切艰

辛、做一切事物的根基！

1945年1月，年纪轻轻的亨利上校受麦克阿瑟上将指派带领第六突击队，前往菲律宾营救被困在卡巴那图战俘营的盟军战俘。1941年，珍珠港偷袭得手的数天之后，日军开始攻占菲律宾群岛，五个月后，顽强驻守的美军由于军火、粮食和药品的短缺，不得不向日军投降，并被迫开始了残忍的巴丹死亡行军，幸存下来的美军战俘被投入到各岛的集中营。

1944年10月20日，麦克阿瑟率军在巴罗登陆，履行了当初撤离时"我一定会回来"的承诺，开始了美军的反击行动。但处于日军魔爪下的美军战俘们依旧在生死线上挣扎，1944年底，巴拉望岛上的美军战俘遭到了血腥屠杀。

为了遏制暴行的再次发生，美军总部决定营救卡巴图安集中营的美军战俘，该战俘营位于敌战线后48公里，共关押了513名战俘，战俘们在日军的残酷劳役下已经度过了三年时光，均已重病缠身或是虚弱不堪。

距离日军实施"人道毁灭"的时日不远，少校吉布森虽然身患疟疾，但他仍竭力鼓舞着手下士兵的士气，共同企盼着自由战斗的那天尽快来临，以医护身份做掩护的战士遗孀玛格丽特也通过马尼拉地下组织将黑市药品偷偷运入集中营，为缺医少药的战俘们雪中送炭。

1945年1月28日，尽管计划尚未周全、地形也不熟悉、战俘营内驻扎了数百日军守备，而且距离战俘营不足3公里处还盘踞着数千日军各军种，但在菲律宾游击队的策应下，陆军中校亨利·穆西和上尉罗伯特·普林斯还是率领第六突击营大胆深入敌后，以极小的伤亡代价胜利完成了这一美国军事史上最为成功的营救行动。

1945年，第二次世界大战的硝烟仍在弥漫。残喘的日军疯狂地向菲律宾巴丹半岛进攻，但却遭到美菲军的顽强抗击。经过一段拉锯战后，在日军集中火力猛烈攻击下，美驻巴丹半岛7.5万守军全部向日投降。美菲军战俘被押往卡巴那图战俘营途中，数千人死于饥饿、疾病或被杀害，这次惨无人道的死亡行军让美国高官备受打击。于是，当局即刻下达了一项秘密行动，由年纪轻轻的亨利上校率领第六突击队，赶往菲律宾打入日本在卡巴那图的战俘营，救出剩下的美国士兵。营救途中，亨利的各军种遭到日军的多方阻截，双方展开激烈的山地战、丛林战和阵地战。但敢死队队员最终凭借着彼此的信任和坚强的意志击退了敌人，顺利完成任务，将战友们解救回国。

面对强大的对手，明知不敌，也要毅然亮剑，即使倒下，也要成为一座山，一道岭！这是何等的凛然，何等的决绝，何等的快意，何等的气魄！

古代剑客们在与对手狭路相逢时，无论对手有多么强大，就算对手是天下第一剑客，明知不敌，也要亮出自己的宝剑。即使倒在对手的剑下，也虽败犹荣，这就是亮剑精神。事实证明，一支具有优良传统的军队，往往是培养英雄的土壤。英雄或是优秀军人，往往是以集体形式出现，而不是以个体形式出现。理由很简单，他们受到同样传统的影响，养成了同样的性格与气质。任何一支军队都有着它自己的传统。传统是什么？传统是一种性格，是一种气质！这种传统与性格，是由这支队伍组建时首任军事首长的性格与气质决定的。他给这支军队注入了灵魂。从此不管岁月流失，人员更迭，这支军队灵魂永在。这是什么？这就是我们的军魂，我们国家进行了22年的武装斗争，从弱小逐渐走向强大，我们靠的是什么，我们靠的就是这种军魂，靠的就是我们军队的广大战地指战员的战斗意志。纵然是敌众我寡，纵然是身陷重围，但是我们敢于亮剑，我们敢于战斗到最后一人。一句话，狭路相逢勇者胜。亮剑精神，是我们国家军队的军魂。剑锋所指，所向披靡。

"亮剑"精神体现了一种勇气，一种魄力。

魄力是面对困境时的果断抉择，是永不言败的信心，是锲而不舍的执着。魄力让敌人望而生畏，让队友充满信心。李云龙曾经对他的士兵说过：

"我最喜欢狼,它又凶又滑,尤其是一群狼更可怕,就连老虎见了也要怕它们三分。我希望我的部下也能变成狼,一群有着共同信念的狼。"具有这种魄力的人,才是真正的战士,真正的军人,真正的领导者,是国家、民族、团队真正的不屈的脊梁!亮剑精神讲的就是惊天骇地的气魄。在艰苦卓绝的战争中,正是这种亮剑精神指引着我们整个民族坚强地抵御外来的侵略,生存至今而屹立不倒,亮剑精神讲的就是大无畏的胆略。人们常说"狭路相逢勇者胜",何谓勇者,不仅仅是指那些敢于直面敌人炮火的革命英雄,同时也指那些敢于面对困难,在困境中求生存、求发展的人。在战争年代,两军对峙,双方争夺的是阵地,退一步就等于把自己的阵地让给了敌人,也等于把胜利的希望让给了敌人。正因为解放军在敌人面前的勇往直前、毫不退缩,才将日本鬼子赶出了中国,把国民党反动政府赶出了大陆,成为真正的勇者,成为笑到最后的胜利者。《亮剑》中的孔捷在遇到日本山崎大队的时候遭遇了前所未有的惨败。当他被撤职的时候对李云龙说过这拨鬼子是如何如何的神勇。如果在这个时候李云龙害怕了,失去战斗的勇气的话,何谈后来的全歼山崎大队?其实做任何事情都是有困难的,关键看我们如何去看待困难、正视困难。如果每次遇到困难就躲开,那么永远只能远观胜利,只能在通往胜利的道路上徘徊,永远无法站立在胜利的阵地上。有些时候困难并没有想象中的那么可怕,只要我们有勇气抽出宝剑,敢于亮剑拼搏,必能砍开一个缺口,冲出重围。

"亮剑"精神体现了一种力量。亮剑是一种团结。历史证明,英雄往往以集体的形式出现。第二次世界大战期间苏联一个飞行纵队涌现出了20名王牌飞行员。无独有偶,苏军某部飞蛇大队涌现了21名特级战斗英雄。究其原因,他们都具有同样的性格和气质,承传同样的优秀传统,凝聚无畏的战斗意志。无论在什么样的情况下,他们都敢于亮剑,哪怕是剩下最后一个人,也要坚持到最后一秒。一个优秀的集体,应该具有培养英才的土壤。大到这个团队的整体，小到团队的每个成员都要有一种豪气当头，势不可当的爆发力和强大的凝聚力，从而铸就这个团体亘古不变的灵魂。亮剑精神讲的就是团结的力量。

亮剑是一种气魄。一个有魄力的果敢的领导者，才能带领团体无惧无畏，勇往直前。魄力是面对困境时的果断抉择，是永不言败的信心，是锲而不舍的执着。魄力让敌人望而生畏，让队友充满信心。

抗日战争中，当台儿庄战役打到中日双方都精疲力竭的时候，谁更勇猛，谁就能获得最后的胜利。到战斗最激烈的29日，池峰城师长率军对庄内的日军实行反攻，一支72人突击队，在迫击炮掩护下，攻击文昌阁，将盘踞其内的日军尽数聚歼。

战至4月3日，火力占极大优势的日军步步紧逼，31师师长池峰城将军已记不清组织几批敢死队出击了，他只记得每次出击，数百人的敢死队，回来不了几个人。这时全台儿庄三分之二已为日军占领，而日方电台甚至已宣布日军已将台儿庄全部占领。池峰城将军觉得再拼下去，31师将全军覆没，便向老长官孙连仲司令请示，可否转移阵地，目前撤到运河南岸。

孙连仲虽然执着，但也没办法拒绝池峰城将军。一师之众已在一个小小的台儿庄与日军重兵血战8昼夜，对这样一支军队他还能说什么呢？何况31师是第2集团军的王牌，这样消耗不是等于在拿刀割他的心头肉吗？他心疼啊。后经孙连仲层层上报，通报打到了李宗仁这里。

李宗仁早年与一些西北军将领有过接触，深知这些西北汉子忠厚老实，若非万不得已，孙连仲不会说得如此哀婉。但李宗仁预计汤恩伯军团明日中午可至台儿庄北部，第2集团军此时放弃台儿庄，岂不功亏一篑。因此，对孙连仲说："敌我在台儿庄已血战一周，胜负之数决定于最后5分钟。援军明天中午可到，我本人也将于明晨亲自来台儿庄督战，你务必守至明天拂晓。这是我的命令，如违命令，当军法从事。"

扔下电话后，孙连仲来到台儿庄亲自督战，死守最后一分钟的池峰城师长，又来电请求撤退。孙连仲命令道："士兵打光了你就自己上前填进去。你填过了，我就来填进去。有敢退过运河者，杀无赦！"

池峰城闻言愣住了。31师所剩不多的官兵们惊呆了。但池师一向军纪严明，此刻，从师长到下级士兵，深知军令不可违，乃以必死决心，逐屋抵抗，任凭敌人如何冲杀，也死守不退。池峰城更下令炸毁运河上的浮桥，背水一战。

幸好，到黄昏时，精疲力尽的日军停止了进攻。及至午夜，我军先锋敢死队数百人，分组向敌人反冲锋，杀入敌阵。敌军血战至此，已筋疲力尽，想不到中国军队还有力气乘夜出击。敌人仓皇应战。被敌所占的台儿庄市，竟然被池师敢死队一举夺回四分之三，此间毙敌无数。敌军退守北门，与我军激战通宵。

黎明后，汤恩伯军团在日军后面出现，敌军撤退不及，陷入重围。至此李宗仁亲自指挥台儿庄一带守军全线出击。台儿庄内，一时杀声震天，中国军队取得了台儿庄大捷。

[坐前排，做先锋]

先下手为强，后下手遭殃。对于一个人来说，犹豫不决、优柔寡断是一个阴险的仇敌。它是一个人致命的弱点，可以破坏一个人的自信心和判断力，使人不相信自己，也不为他人所信赖，从而导致失败。如果总是徘徊于各种意见之间，就会迷失自我，失去决策的勇气，迟迟做不出选择，后果就只能是迷失了方向，错失了良机，就会处处落于人后，陷入被动的境界，被别人所掌控。因此，无论做什么事，都要果断出击，速战速决。做事决不优柔寡断。

1983年10月，加勒比岛国格林纳达发生了一场军事政变，街上到处是革命卫兵的装甲车，鲜血随处可见，在格林纳达的英国总督被困。格林纳达当时是英联邦成员之一，被困的英国总督连忙向盟友美国求援。五角大楼立刻密令特种作战各军种司令沃克上将派救援小组开赴加勒比地区。

当时，沃克正在1600公里之外的北卡罗莱纳州布拉格堡参加美军联合作战司令部的周年庆典舞会，接到指令后，马上通知海豹突击队的迈克少校召集所有军官5分钟后到作战室。迈克是沃克最信任的老部下，接到命令时，他正和妻子在一起，他已经很久没有这么轻松了。但他一定要马上离开，并且不能向妻子透漏行踪，甚至无法告诉她回来的时间。

在作战室中，指挥人员迅速制订出作战方案，由海豹突击队担任先锋，在格林纳达海岸附近完成空降。明确任务后，十几个"海豹"队员立刻集结起来，乘C-130型运输机火速赶往格林纳达。按照计划，空降行动在白天进行，但他们提前到达了，天还没亮。黑夜里，空降到一无所知、战火纷飞的异国海域十分危险，但队员们没有丝毫犹豫。

按照计划，突击队员先空降到海上，然后再爬上提前放下的小艇。根据情报部门预测，他们空降时，海面应该风平浪静，然而，事实却恰恰相反，肆虐的狂风在海面上掀起了4米高的巨浪，突击队员根本无法爬上小艇。落水之前，他们已割断了降落伞的绳索，但巨大的风浪使他们陡增了危险。好在平时超强的水上生存能力训练使他们目前保住了性命，他们开始通过无线电发求救信号。附近的航母战斗群接到信号后，迅速展开搜救，但只有一半队员被救上来，其余4名队员下落不明。虽然热带海水不冷，但沉重的作战服，再加上巨浪，他们幸存下来的希望非常渺茫。

意外的情况使行动计划重新制订，队员将分乘两架直升机降落到总督府的楼顶上，然后将总督及其家人安全转移到停泊在公海的航空母舰上。当时，全球定位技术还没有得到应用，又没有地面各军种的配合，武装直升机在丛林中穿越时，突击队员不得不通过地图和目力识别、寻找目标。担任副指挥的希尔在目力侦察方面受过高级训练，通过"夜视镜"侦察，他最终确定了总督府的位置。位置确定了，但他们却受到了藏身于大树后面的革命卫兵的袭击。在密集的炮火下，迈克所乘坐的直升机着火了，无线电操作员被子弹射中，无线电台被摧毁，和外界的联络全部中断。

直升机无法在空中长时间停留，在几秒钟的考虑后，迈克果断下令，自己所乘坐的直升机1号立刻降落，利用绳索空降，先落地的突击队员为其他队友提供掩护。几名队员接受了命令。当最后一名突击队员落地时，直升机的发动机被击中，飞机坠毁。与此同时，伤痕累累的直升机2号载着另一半队员奋力飞向"独立号"航母。

落地的7名突击队员迅速散成两个班，一个班负责火力掩护，另一个班趁机前进，他们在猛烈的机枪扫射中步步为营，密切合作，最终突入总督府，但有一人负伤。迈克派两名狙击手到楼上侦察，占据有利位置，夜视瞄具的配备增强了他们的战斗力，他们能百发百中地击毙700多米外的目标。其他队员展开搜索，最终在地下室中找到躲藏在那里的总督及其家人。

但革命军的援军已到，满载士兵的兵车已将总督府团团包围，突击队员的攻击步枪根本无法和装甲车的30毫米口径机关炮相抗衡。在生死攸关的时刻，他们躲在地下室中。但此时一件意外的事情帮了大忙——一个牧师的电话，为他们打开了一扇逃生之门。通过这个电话，迈克联系上了沃克上将，得到了AC-130"幽灵"式武装飞机的火力支持。

海豹突击队配备了先进的武器和通信系统，最终却靠电话峰回路转。虽然任务已完成，但是，对于他们来说，胜利的喜悦中夹杂着失去战友的苦涩。连续22小时的搜寻后，还是没有找到在海中失踪的4名队员，只留下他们那空空的灵柩安息于阿林顿国家公墓。

[早起的鸟有虫吃，比对手快一步]

20世纪50年代，西北农村的农民大都住窑洞。其中有个姓刘的老汉也和大家一样住在窑洞里，他喜欢靠在窑洞门口晒太阳。这时有人指着他的破窑洞说："你的窑洞该修了。"刘老汉说："我打算明年春天再修。"第二年春天他仍然懒洋洋地靠在窑洞门口晒太阳。有人又对他说："你窑洞顶上裂了缝，快修吧！"刘老汉又说："等麦收了一定修。"麦子收后他又改变了主意，又想等秋天再动工，秋天到了，他仍没有动工修窑洞的意思。后来一场大雨，窑洞倒塌了，刘老汉被活活埋在废墟里。

这就是不立刻行动造成的恶果，本可避免的悲剧就是因为拖延而酿成大祸。当你准备做一件事时，"拖延"这个"贼"会对你说："明天再干吧！"这时，你要马上提醒自己："今天能做的事，绝不能拖延到明天。因为这个'明天'遥遥无期，会变成明天的明天，永远不会来临。"当你面临困难和挫折时，"拖延"这个"贼"会找出许多理由让你停下来。这时，你要马上提醒自己："成功不会等任何人，我如果犹豫不决，它就会永远弃我而去。"当别人埋头苦干时，这个"贼"会引诱你袖手旁观，吹毛求疵。这时，你要提醒自己："立刻行动，马上动手，绝不用评说别人来掩饰自己的无所作为。"凡事要立刻行动。

有这样一位成功者，许多人问他："你怎么成功的？你曾经遇到过困难吗？""当然。"他说。"当你遇到困难时如何处理？""马上行动！"他说。"当你遇到经济上的重大压力呢？""马上行动！"他说。"当你在感情上遇到挫折时呢？""马上行动！"他说。"当你在人生道路上遇到困难时呢？""马上行动！"对于人们的疑问，他的答案只有一个，然而这正是他成功之所在。曾经有两位年轻人一同搭船到异国闯天下，一位来自以色列，另一位来自加拿大。他们下了码头后，看着豪华游艇从他们面前缓缓而过，二人都非常羡慕。以色列人对加拿大人说："如果有一天我也能拥有这么一艘船，那该有多好。"加拿大人也点头表示同意。吃午饭的时间到了，两人四处看了看，发现有一个快餐车旁围了好多人，生意似乎不错。以色列人于是对加拿大人说："我们不如也来做快餐的生意吧！"加拿大人说："嗯！这主意似乎是不错。可是你看旁边的咖啡厅生意也很好，不如再等等吧！"两人没有统一意见，于是就此各奔东西了。

握手言别后，以色列人马上选了一个不错的地点，把所有的钱投资做快餐。他不断努力，经过10年的用心经营，已拥有了很多家快餐连锁店，积累了一大笔钱财，他为自己买了一艘游艇，实现了自己的梦想。

这一天，他驾着游艇出去游玩，停靠在码头时，发现一个衣衫褴褛的男子从远处走了过来，那人就是当年与他一起来闯天下的加拿大人克里。他兴奋地问克里："这10年你都在做些什么？"克里回答说："10年间，我每时每刻都在想：我到底该做什么呢！"

一个人光有想法是不行的，还要付诸行动，否则想法就是空想。成功者的共性是：一旦锁定目标，就马上行动起来，不断拼搏，不达目的、誓不罢休。以色列人的成功就是一个很好的佐证。

如果你想成功，那就一定去行动，决不拖延，努力比别人做得更好，去超越别人，走在别人的前面，现在就干，马上行动起来吧！

不管我们做什么事，先人一步总是好的，先行一步，才能得到天下，超越自我，抓住机会，直视现实，战胜困难，言行一致，说到不如做到，付诸行动，才能迈向成功的彼岸。

做事要快人一步，一个人的成功来自时间与经验的累积，经验随着时间的点滴进步，必定会水到渠成，坚持到底，永不放弃，成功属于持之以恒的人。

生活到处都为我们加快发展提供了良好的机遇。但能不能把这些机遇转化为现实的生产力，主要还是取决于我们以什么样的态度来对待机遇。每个人都有机遇，在机遇面前，谁行动快、抓得准，谁就能占得先机；如果一个人瞻前顾后、坐而论道，那他就只会与机遇失之交臂。因此，我们一定要不断加深对机遇的理解和认识，敏锐地发现机遇，紧紧地抓住机遇，创造性地用好机遇，从而使自己在发展的进程中抢占先机。谁的机遇意识强，谁的思路新，谁的工作措施硬，谁就能抢占先机，争取主动。

我们时常说，商机如同战机，如果在发展中我们慢了一个节拍，那我们就有可能被对手打倒。

有两个国家在沙漠中打仗，他们展开了历时一个多月的拉锯战。结果一个月后，双方的士兵都累得疲惫不堪。

有一天，战争双方的指挥官同时接到上级的命令攻占一个荒废已久但具有战略价值的碉堡。军机大事刻不容缓，两军指挥官立刻命令各方各军种向碉堡出发。他们到碉堡的距离是相同的，同样的，他们的各军种都很疲惫。以指挥官所命令的速度进发，那是根本不可能的事，因为经过一个月的沙漠之战，他们真的是太累了。

在这种情况下，甲军的指挥官下了命令：每一次停下来休息，只准10分钟，到了时间必须立刻前进。体力不支的人不必扶持也不必急救，免得影响进程。

乙军指挥官也同样下了命令：坚持到底！一刻也不能休息。为了减轻负担，除了水壶和武器，其余东西一律扔掉，甚至连干粮也不须带。如果有停下的，一律视为违抗军命，就地枪决。甲军出发时有300个士兵，到达碉堡的有200人。而乙军出发时也有300人，但到碉堡时只剩100人。但是一阵枪响后，包括指挥官在内，甲军全死在了碉堡附近，没有一个得以生存。结果怎么会这样，明明甲军人多，为什么会失败呢？原来，乙军早到了10分钟，先架好机枪等着，关键就在这里，使他们成为最后的胜利者。

商场如战场，因为一个商人的成败直接关系着企业的安危，成功的商人拥有一个好的企业，但失败者的企业则面临倒闭。商场与战场的血腥和惨烈相比，商场似乎显得较为平静。然而，在这样平静的外表下，没有哪一个成功的老板会放松对自己以及员工的要求，因为停滞本身就意味着倒退。因为他们了解在商界中，那些努力奋斗、抢占先机的人才是最后的成功者，也是幸运者。

机遇对于我们来说，是一种宝贵的资源，谁都想据为己有，因为它是走向成功的条件。抓机遇实质上就是争，就是抢。机遇落入谁家，就看我们争的力度、抢的力度。所以，我们不仅要在认识上先人一步，更要在行动上快人一拍，积极创造条件争取和利用一切可用的机遇。一个人要快人一步，就要有强化机遇意识，在加快发展上下功夫。如果要在日趋激烈的竞争中抢占先机，就一定要增强机遇意识，善于发现和捕捉机遇。能否抓住关键性的、带有全局性的机遇，对一个地方能否加快经济发展至关重要，只有在解放思想上先人一步，才能抢抓机遇高人一筹；只有在思想解放上率先胜出，才能在加快发展上走在前列，所以说，我们要提高自己的能力，先人一步，抓住成功的机会。

获得胜利，还要扩大战果

2003年12月13日10时左右，美军收到了最新情报，萨达姆很可能就隐藏在提克里特的两处目标中。当晚8时，"海豹"121行动组在美军第4机步师配合下，秘密前往"二号目标"——距离提克里特15公里的达瓦尔镇的一个农场准备发起突击搜索行动。全副武装的美军士兵展开了代号为"红色黎明"的突袭行动。此前，美军士兵做好了最坏打算，因为在抓捕萨达姆的两个儿子乌代和库赛时发生了激烈的枪战，双方对峙了数小时之久，美军在直升机的掩护下才占据上风，打死了乌代和库赛。此外，配合美军"红色黎明"行动的还有"库尔德爱国阵线"军官阿里指挥的库尔德特种部队。该部队曾在当年8月的行动中协同美军活捉了伊拉克前副总统拉马丹，美军对他们十分信任。

然而，在美军的短暂搜捕行动中却并没有见到萨达姆的影子。当时由于找不到目标，美军和库尔德特种部队决定扩大搜索范围，将目标锁定为附近的一幢四面有围墙的小楼。这幢小楼显得格外安静，没有任何灯火也没有任何声音，与四周已经被美军行动惊起的民宅相比，显得相当可疑。美军和库尔德特种部队立即冲进楼内，对里面进行了全方位的搜索，13日21时30分左右，一个形如"蜘蛛洞"的掩体引起了士兵们的注意。

该掩体被沙子掩盖，洞口则用砖头伪装。美军用铁锹将洞口掀开之后，清楚地看到这个洞差不多有2米深，足够一个人躲在里面，洞里有一处通风口，里面赫然站着一个人。当这个人出现在美军士兵面前时，美国海豹突击队士兵却开始怀疑眼前这个头发凌乱、胡子邋遢的老人是否就是他们要抓捕的"头号敌人"萨达姆。整个行动只持续了十几分钟，其间未放一枪就将萨达姆活捉，至此，伊拉克战争中最后也是最大的悬念已不复存在，以美国人的完胜而告终。

这就是海豹突击队抓住时机，扩大战果的一个实例。

公元前236年，哈米尔卡挥军渡过直布罗陀海峡（因为这里被认为是世界的边缘，所以又被称作赫尔克里斯石柱），登陆西班牙，至前228年他逝世时为止，他已经成功地征服了当地许多部落，并创立了一支忠于自己的68000人的拥有各军种的军队。哈米尔卡的女婿——美男子哈斯德鲁巴尔继承和拓展了他的事业。然而前221年，哈斯德鲁巴尔遇刺身亡。在全军的推举下，年仅27岁的汉尼拔成为新的领袖。

汉尼拔有三个兄弟：哈司德鲁巴尔、马戈和汉诺。他们都投入了这场以迦太基复兴和对罗马复仇为目的的战争。据说，汉尼拔从9岁起就和父亲一同住在西班牙，并受过多方面的良好教育。从前228年他父亲阵亡后，他曾返回迦太基求学。前224年他被姐夫召回西班牙，并得以崭露头角。

前221年，他成为了西班牙迦太基殖民地的领袖，世界历史中一曲波澜壮阔的英雄史诗奏响了。

前220年夏，汉尼拔最终控制了整个西班牙，他决心挑战罗马人的权威。当年秋天，汉尼拔包围并攻破了受罗马保护的西班牙城市萨贡托，罗马人向迦太基宣战。

前218年，由于海运全部被罗马人控制，汉尼拔率领59000人的军队，决心翻越在当时被认为不可跨越的阿尔卑斯山，直击意大利腹地，兵锋正指罗马城。几个月后，当这些勇士们终于出现在意大利北部时，他们的人数已经不及出发时的一半了。然而历史最绚丽的篇章却刚刚掀开。

前218年至前217年，汉尼拔赢得了提基努斯河战役、特雷比亚河战役、特拉西梅诺湖战役，就这样，他的军队一路杀到距罗马仅几天路程的地方。罗马将军法比乌斯决心采用拖延战略拖垮汉尼拔，但是他的战略遭到了一些人的反对。此后的一段时间，在双方的僵持中，发生了两次互有胜负的小规模战役，直到前216年，法比乌斯和弥努基乌斯独裁官任满，兵权落入此后不久新选出的执政官鲍卢斯和瓦罗身上。历史上最为著名的坎尼战役爆发了。

这是汉尼拔军事生涯的顶点，是太阳最为耀眼的一刹那。参战的双方兵力大概如下：列入阵列的罗马步兵66000名，骑兵7000名，留守营地的还有约10000人。汉尼拔大约有32000名步兵和10000名骑兵参与战斗，另有5000人守营。战场兵力对比大约是1.8∶1，结果对罗马人却是毁灭性的：逃脱的人数不足15000人，统帅鲍卢斯战死。此外，战死的还有80名元老院议员，当天轮值指挥的统帅瓦罗侥幸逃脱。而汉尼拔军队伤亡仅不足8000人。

至此，全罗马17岁以上的男子已有五分之一在这场和汉尼拔的战争中丧生。但是汉尼拔的对手却是以意志顽强著称于世的。元老院通令禁止在罗马全城使用"和平"一词，悼亡活动定在30天内结束，17岁以上的男子全部入伍，奴隶和囚犯被武装起来组成军队。罗马甚至拒绝赎回俘虏，因为他们在战斗中投降了。

而逃脱的瓦罗也组织起残存的各军种，迅速创立起新的防御阵地，并鼓舞沮丧的部下们恢复勇气。

这是场伟大的战争。攻防双方都表现出无比坚强的意志和无比伟大的勇气。也许战争本身是残酷和野蛮的，但是战争中表现出英雄气概的人们却永远散发出青铜巨像的气息，他们的形象会永远矗立在历史中。

瓦罗没有按照罗马惯例被惩罚，尽管他对战败负有罪责；相反，元老院却向他致谢，因为他在这样的绝境中仍没有对共和国丧失信心。

此后，在意大利战争开始陷入一种惰性状态。直到前203年底，在意大利，没有一位罗马将军在和汉尼拔的战场较量中真正取胜过。而无数的战役只是为汉尼拔的桂冠增添了一道又一道光环。汉尼拔争取到了意大利南部许多城市对他的支持。但是因为在意大利始终无法创立稳固的根据地，又远离西班牙和北非的大本营，汉尼拔的各军种在战争中不断被消耗，而缺乏攻城器械以致无法迫使罗马人投降。意大利的战争在僵持中起起落落。

然而，坚毅的罗马人却忍受着巨大的压力和痛苦，把她的将军们一个个送入了汉尼拔的后院。前218年，罗马将军老西庇阿之弟就率军攻入西班牙。之后老西庇阿兄弟纵横西班牙，一度威胁到迦太基人在西班牙的根据地新迦太基城。但是前211年，两人先后战败身亡。但是迦太基的征服者——老西庇阿的儿子小西庇阿踏入了战争指引者的行列。当年，小西庇阿被元老院指派为西班牙罗马军队的指挥者。战争形式迅速逆转。前206年秋，西班牙半岛上已经没有迦太基的军队了。值得一提的还有西西里岛上的战争。前212年，西西里岛上的叙拉古王国倒向迦太基一边。罗马人在马尔克卢斯的指挥下，包围了叙拉古，并利用海上优势彻底击退了迦太基援军。两年半以后，叙拉古陷落，人类历史上最伟大的数学家、工程学家之一的阿基米德死在罗马人的剑下。

前207年，汉尼拔等遭遇了战争中第一个极其痛苦的打击——他的弟弟哈司德鲁巴尔在率领西班牙援军试图进入意大利与他汇合时，被罗马将军尼禄用计击败，哈司德鲁巴尔战死，军队被全歼。这是汉尼拔最有希望也是最后一次有希望得到援军的机会。此后他在意大利又苦熬了4年。当地的补给虽然可以供应他的各军种，但是士兵却不能从田地里收获。

前203年，小西庇阿把罗马的复仇之剑指向北非的迦太基城。汉尼拔被迫退回了迦太基。此前他的另一个弟弟马戈率领各军种试图进入意大利时，因伤重身亡。

这场战争后，小西庇阿说出了经典名言：汉尼拔，你虽然懂得如何获得胜利，但不了解怎样运用胜利。

有一部外国电影表现了这么一个故事：有一位功成名就的大企业家，有一天突然感到自己的思维枯竭了，虽然他已拥有了大量的财富，但他却感受到一种失落感。难道自己的智能只能产生如此多的资本吗？对于资本家来说，资本是一种负担和责任。终于，他产生了大胆的设想：生命的价值和乐趣在于创造而不在于守成，当初自己白手起家时是何等的富有乐趣！那么，现在自己能不能再创一次业呢？再寻找一次用金钱也买不到的感觉呢？结果他就悄悄地将自己的财产偷偷地捐献给社会，使自己真正变成了一个穷人。这时，他对家里人说："我已经亏损了所有资本，咱们能不能还像当年白手起家时那样创造和劳动？"当然，大家只能这样选择了。于是，一家人又像以往那样辛勤劳作了。他自己呢，总该找个事情做，就到一家公司去应聘。这家公司的总经理问他以前做过什么，他说自己做过总经理。这家公司的总经理笑了："可惜我们不需要总经理，我们要找人来打扫卫生。"他说会打扫，于是他被接受为清洁工。他回到家之后兴冲冲地告诉家里人："我有工作了！"干什么都要干得最出色，这是他的信条。当清洁工的他同样干得十分出色：他每天上班都要早到一些时间，打扫完卫生之后，他还要为每一个同事沏上一杯咖啡，同事们对他十分感激。对老板更是这样。当他发现公司有什么问题或是总经理有什么难题时，就写下一个小纸条，规规矩矩地压在老板的办公桌上。终于，老板发现了他的杰出管理才能，开始起用他搞管理。很快地，他被委以重任，最后坐到了总经理的座椅上，成为老板信赖的企业领导人。

这一段简单的故事说明了什么呢？他在拥有的一些经营思想比他的有形资产和财富更重要。而当他第二次获得财富的时候，采取的办法并不是投资，而是投入自己的思想。思想产生财富未必需要一刀一枪的拼杀，而是当你显示出思想对财富的驾驭力时，财富就会归附于你。原始积累的目的能称为财富，拥有只是一种目前的状态。对于没有思想的人来说，他的财富越多，他就越危险。金钱的属性是流通，你的金钱如果不去流通，这和你没拥有金钱是一样的；而你的金钱流通需要什么？需要思想。在以后，离开了思想谈财富是谈不通的，以后的财富一定是思想的有效转换，又同时为思想所支配，应该说，思想是转换财富的源泉。手段和方法转换不了财富，它所获得的只是对原始劳动力的基本承认，是一种维持生计的方法。当然，思想转换财富还需要一定的转换环境和转换条件，这个转换系统的设计就是我们所要讲的企业和市场设计。

中国现在的情况是，纵然你有再好的项目，没有资金你就什么也搞不成；在国外就不一样，人们愁的是好的、科学的创意和立项，一个好的主意可以在一夜之间创造一个企业。但这种情况正急剧地改变。我们现在面临着几重误区：正处于原始积累阶段的创业者愁于不能获得原始积累；已具有一定的惰性力。我们过去说的"划地为牢"，实际上就是思想的禁忌和惰性力。在现实之中，任何思想都有它的惰性力，这就是经验主义。伟大的思想都是在矛盾和痛苦中获得的，卧薪尝胆、围困重重时会产生思想，逆境中会产生思想，失败中会产生思想。

第六章

笑对执行失败，从头再来

俗话说"失败乃是成功之母"，是的，每一个成功，哪怕是一个很小的成功，也往往，都是建立在无数次的失败之上的。爱迪生的灯泡是在无数次的实验之上最后成功发明的，我们的实验不可能一次就能做好，它需要无数次的行动去尝试，才能做得更好，才能在最后爆发强大的力量，所以要笑对行动或者执行的失败，从头再来，坚持到最后，就是成功。

为失败干杯

2005年6月,在阿富汗执行一次长途侦察任务的海豹十队中的一个4人小队与当地塔利班武装交火了,激烈的战争之后,只有1名队员生还,而前去支援的海豹直升机也被击落,造成16人死亡,最终行动失败,海豹十队付出巨大伤亡代价。行动中唯一幸存者Marcus Luttrell后来写了本书,名为《孤单生还者》(*Lone Survivor*)。根据书中描述,红翼行动是由海豹上尉Michael Murphy所领导的一次4人侦察任务,根据事先预定的行动计划,小队任务是潜伏在阿富汗和巴基斯坦边境Kunar省Asadabad村庄西侧外围的山区,搜索塔利班武装一名高级指挥官的行踪,在确认发现该塔利班目标的动向后,由驻扎在巴格拉姆(Bagram)空军基地的主力各军种进行攻击。4人小队由海军上尉Michael Murphy和海军中士Matthew Axelson, Danny Dietz以及小队中唯一的幸存者Marcus Luttrell组成,Luttrell还是小队的医官,退役前被提升为上士。当时Matthew Axelson和Marcus Luttrell作为狙击观察手,Danny Dietz负责无线电通信,Michael Murphy统筹指挥。

行动开始时,先由直升机利用夜幕的掩护将4名队员送至目标区域外围,再由队员自己进入潜伏地点,不幸的是在进入观察位置后不久,观察小队的位置即被3个当地的牧羊人发现。海豹们遇到了绿贝在第一次海湾战争中遇到的难题,是否要杀死这3个牧羊人,鉴于当时的形式海豹们很难做出决定,最后不得不采取了投票的方式来决定3人的生死。4人中Axelson主张为了安全起见杀死这3个人，Murphy和Luttrell主张放3人走（事后Luttrell称之为他人生中犯的最大的错误），Dietz弃权。3个牧羊人获释后和海湾战争中被绿贝放走的伊拉克人一样，他们马上背叛了他们对海豹的承诺，将海豹的位置告诉了当地的塔利班武装，塔利班武装立刻组织了有150~200人的各军种对海豹潜伏的区域发起进攻。

在放走牧羊人2小时后，海豹们发现他们被大批塔利班战斗人员包围，战斗中海豹队员利用居高临下的地形作为掩护奋起反击，但双方力量过于悬殊。在交火后不久，Murphy便决定向基地请求支援，并计划撤退到相对平坦的区域并利用村庄和地形的掩护撤退。

由于4人小组的位置位于阿富汗山区，无线电信号接收很差，负责无线电通信的Danny Dietz一直位于小队中地势比较高的位置不停地尝试和基地取得联系但都没有成功，Dietz先后3次被子弹击中，身中5弹后仍坚持作战，直到第6颗子弹直接击中他的头部后阵亡。Matthew Axelson最先胸部中弹，后来又在头部受致命伤害，但他又坚持向塔利班武装人员射击了大约2个弹夹后阵亡。

指挥官Michael Murphy在战斗开始后不久就被击中胃部。受伤后他继续指挥小队进行反击。由于Dietz无法和基地取得联系，Murphy毅然决定爬出自己躲藏的掩体，在山顶开阔处通过卫星电话（手机）向基地求救，虽然信号最终发出但由于暴露在开阔地带，Murphy先后被击中胸部和背部，阵亡在爬回掩体的路上。鉴于他的英勇行为，他死后被授予国会荣誉奖章。

Marcus Luttrell在战斗中被一枚在他身边爆炸的RPG火箭的弹片击中，全身多处受伤。他被震落到一个隐蔽的山谷，全身失去知觉，但他也因此幸运地躲过了塔利班武装的追击，最后忍着饥渴，拖着腿上的枪伤，三处脊椎骨裂伤，穿越了11公里的山区才被当地另一个亲美的村庄的村民收留，村民们不但没有告发Luttrell，还在塔利班武装搜捕下保护了Luttrell，后来部落的长老将Luttrell手写的纸条送到了位于村庄外很远的海军陆战队前哨站，几天后，他被由游骑兵和特种各军种组成的联合拯救小队成功救回。

而负责行动的美军指挥部在收到Murphy的求救电话后派出了由2架MH-47支奴干，2架AH-64阿帕奇，4架MH-60黑鹰组成的强大火力各军种前去支援，不幸的是其中一架支奴干途中被RPG-7（可能）击落，机上8名海豹以及8名160特种陆航团共16人全部阵亡。

Marcus Luttrell伤愈后归队，并于2006年被部署到伊拉克，2007年退役，退役之后写了《孤单生还者》（*Lone Survivor*）一书，详细介绍了红翼行动的经过。在特种行动中如何处置可能暴露自己位置的平民，对特种各军种来说真是件非常头疼的事情。然而此次行动积累了丰富的经验。

2011年5月1日凌晨，美国总统奥巴马发表电视讲话，大约24名美军特种各军种官兵（"海豹突击队"）在得到奥巴马总统下达的"击毙本·拉登"命令后，乘坐4架"黑鹰"直升机突袭后者藏身地，通过绳子降落到目标民房内，随即同本·拉登身边卫士发生枪战。

约40分钟后，战斗结束，本·拉登因眼部中弹身亡，美军离开现场返回基地。整个过程中，没有官兵伤亡，但有一架直升机发生故障被自行炸毁。

在人的天性当中，赢取胜利是其中的一个重要方面。然而，谁能保证自己一生中事事遂心，谁又能说自己是永远的胜利者呢？大千世界培养和造就了许许多多的伟人和成功者，然而，更多的人却是平庸一生，甚至一些人是一败再败。人的一生本来就是坎坎坷坷、失败累累。但每一个失败了一次、两次，甚至三次或许更多次的人，他的结局都是令人羡慕的，令人骄傲的，因为这便是一个巨大的成功。

美国著名演讲家希·道格拉斯在给伟人下定义时提到"伟人区别于凡人的地方就在于面对挫折时,伟人能够掌握和控制失败向成功的转变",这句话的意思就是当失败发生在你头上,唯一可取的就是掌控它。

从屡战屡败到屡败屡战

在人类的实践史和认识史中,失败的事件和不正确的认识曾耗费了人们大部分的时间和精力。甚至可以这样说,成功往往是从失败开始的,并伴随着失败而获得的。

法拉第、诺贝尔和齐奥尔科夫斯基,尽管他们经历的第一次失败的情况有所不同,表现出来的情绪波动也各有差异,但却都有一个共同点,那就是他们面对失败,从来不失望、不灰心、不气馁。正是这一点构成了他们光辉一生的起点,事业成功的起点。任何人在他踏上各行各业的时候,第一步遇到的恐怕都不是成功,能不能被由于起步失败而产生的灰心、失望的情绪所左右,在某种意义上,将决定其今后的一生。

科学家、发明家身上那种首次失败而不灰心的可贵品格,应该成为我们冲破第一道关卡的精神力量。科学技术成果发明和发现的过程,科学巨匠所取得每一项成就的过程,并不像北京的东西长安街那样笔直。它除了要经受第一次失败的磨炼外,还要忍受多次和连续的失败或考验。从科技史和科学家的传记中,我们可以看到这样的时间表:化学家侯德榜,为发展民族工业,生产纯碱,死拼了5年;英国的Twort发现噬菌体用了7年;生物学家、细胞遗传学创始人孟德尔,为探寻遗传因子的分离定律和自由结合定律,耗费了8年心血;我国生物学家、农学家鲍文奎领导培育8倍体小黑麦5000个原种,这个数字超过国际同类研究的10倍,先后整整用去了24年……还有许多学者,在失败中度过了他们的一生，为后人的成功取得了经验、铺平了道路。在这些时间表里记录着科学巨匠们百折不挠、锲而不舍的进取精神。

失败磨炼了科学家的意志，科学家们的坚强意志又使他们战胜了失败最终获得成功，使我们后人分享着由这些成功的花朵所结出来的丰硕果实。但是不能忘记，这些果实是来之不易的。每当我们去从事某项事业的时候，前人所经历的一切，也将在很大程度上再次重现。每个人在前进的征途中，都会多次重复那个必不可少的环节——失败。只有我们也具备了他们那种进取精神，才会达到我们预期的目标。

阿林是家里的长子，现在已大学毕业并在省城一家银行上班，日子过得不算太富裕但也挺充实。阿林家是乡里的特困户，他父亲做了一辈子的农民，老实巴交，也没什么手艺，一辈子都熬在田里，母亲大半辈子在床上，每天都要专人服侍起居生活。阿林下面有弟妹五个，一家八口主要靠政府救济过活。阿林是长子，家中主要的负担都落在他肩上，从他上中学起，阿林的父亲就放出风声，如果阿林不能以乡里的第一名考进重点高中，就回来帮家里干活挣钱。阿林于是起早摸黑地干活学习，别人还没起床，阿林就把早饭做好了，匆匆吃过早饭就一路小跑到了学校。上午最后一节课铃声一响，阿林就跑回家里，照顾母亲吃完饭再返回学校。放学回家早，阿林从来不跟别的孩子一路玩耍，而是跑回家帮父亲编笞帚，然后做饭。等全家人上床睡觉了，阿林就开始一天的复习。功夫不负有心人，初三毕业时，阿林以全乡第一名的成绩考入县中，开始了三年的高中生活。天有不测风云，不幸开始降临到阿林头上。高中那年，阿林的父亲突然中风瘫倒在床。家中的顶梁柱倒了，阿林家的生活更加困难了。这时，阿林的一个弟弟和一个妹妹也进了学校，阿林的父亲要阿林回家干活，可阿林离不开学校啊！于是他把两个舅舅找来，要他们去劝劝父亲，并且保证说不向家里要一分钱，学费全由自己负担，父亲才点头应允了。于是，阿林白天在学校学习，晚上就在一家书店站柜台。书店关门已是深夜十一点了，同学们也已上床睡觉了，阿林才拖着疲惫的身子回到学校，然后在厕所的灯光下把当天的功课复习完并预习第二天要讲的内容。随着家庭困难的加剧，阿林又有了别的挣钱路子。于是，在县城大街小巷，每天一大清早和傍晚，就有一个小孩拉着一辆小推车，嘴里吆喝着"收破烂……"

久而久之，县城许多人认识了这个边读书边挣钱的小孩，有些心地善良的人要么叫他进屋吃点东西、填填肚子，要么把一些尚好的家具贱价卖给他。那年高考揭榜，阿林以全县第一名的成绩考取了中国人民大学。当这个文科状元在电视台露面时，许多人都在惊叹："这不是那个收破烂的小家伙吗？"在人的天性当中，赢取胜利是其中的一个重要方面。然而，谁能保证自己一生中事事遂心，谁又能说自己是永远的胜利者呢？大千世界培养和造就了许许多多的伟人和成功者，然而，更多的人却是平庸一生，甚至一些人是一败再败。人生之途本身就是坎坎坷坷、失败累累。

人的生命犹如江水在奔腾，不遇到岛屿和暗礁，就难以激起美丽的浪花。面对失败的挑战，我们需要付出的全部就是尽心竭力、拼搏获胜。

拼搏获胜的一个基点就是不要消极地把自己和那些巨人或任何别的人相比较，而是把他们当作自己的榜样。然后选择任何一件在你生活中能够达到的事情，坚持干下去，并且全力以赴。在这个过程中，你切记不要被一些荒诞之说所迷惑。比如，只有富有者，才能成功；只有矫健者，才能成为超级明星；只有美貌者，才能得到想要的一切；等等。这根本就不是真实的情况。无论历史书中，还是现代的宣传媒介里，都在讲述那些藐视和不顾严重的身体缺陷而取得成功的人们。在现实中，斯蒂芬·霍金是个神经系统失调的人，这严重地影响了他的说话能力，并把他禁锢在轮椅上。但他在理论物理方面所做的工作，成为当代解释宇宙的最重要的理论贡献之一。按他同事的说法："他之对于爱因斯坦,正如爱因斯坦之对于牛顿。"

海伦·凯勒,又聋又哑,但她学会了多国语言,而且在学习方面取得了很大的成就,成为全世界最令人敬佩的人之一。

尽管这些人都有难以逾越的障碍,但他们还是成功了。人们有理由认为,假若他们在抱怨自身不幸的身体缺陷中度过了他们富有创造性的宝贵时光,那么,除了日渐衰老和迟钝外,他们将一事无成。

我们在奋斗过程中,难免会遇到这样或那样的失败。面对失败,我们只有面无惧色地挑战失败,才能有一线生机;假如你不能战胜失败,你就会停滞在人生路上,失败便会一个接一个地横在你的面前,你不敢挑战它,它就挑战你,一步步紧逼而来,你退一步,它就会进两步,直到把你逼进人生深渊。历史上那么多无畏失败的科学家以及各行各业的成功人士给我们注入了信心,他们的成功事例教导我们:挑战失败,失败就会认输!唯有挑战,才有生机!屡战屡败,突出的是一个"败"字,说明战者昏庸无能。屡败屡战,突出的是一个"战"字,说明战者不肯认输。楚汉争雄,刘邦打不过项羽,虽屡战屡败,仍屡败屡战,最终赢取了"垓下之役"这一关键性胜利,进而成就千秋霸业!

一切不过从头再来

"看成败，人生豪迈，只不过是从头再来！"

向往成功，害怕失败，这是人之常情，只有经历了若干次成败后，才能明白：成败，不是永恒的。在人生道路上，无论成败都只是暂时的。花开时，固然明媚鲜艳，却始终要嫁与东风，零落成泥。成败，正如花的枯荣，周而复始，循环往复，机关算尽以求永保成功的人，不仅可笑，而且可悲。

既然成败是暂时的，那就不必再嫉妒别人的成功或讥讽别人的失败。有句话讲得好："成功者，掌声和鲜花或许掩去了他真正的自我；失败者，落魄的外衣下保藏的可能是一个高傲的灵魂。"是的，李白诗云："秦王扫六合，虎视何雄哉。"东周列国的詹何却说："见义勇为真汉子，莫以成败论英雄。"可见"成败英雄论"自古就是仁者见仁，智者见智。

成功并不永久，竞争中的成功不是永远的第一，而是领先时的短时间的停止；竞争中的失败也并非淘汰，而是另一轮竞争的开始。人生之路本来就是由成败交织而成的。胜不骄，败不馁，这才是人生的真谛。如果你成功时骄傲，失败时气馁，那么你永远是一个停滞不前的失败者。如果你曾经把失败当成清醒剂，就千万不要让成功变成迷魂汤。

曲折，在人生的旅途中难以避免。面对曲折，有人失去了前进的勇气，熄灭了探求的热情。而有人却确立了进取的志向，鼓起了前进的风帆，从而磨炼出坚韧不拔的性格。在失败时，乞求得到别人的怜悯和同情，将会导致自卑。在成功时，奢望得到更多的荣誉和掌声，将会导致自负。我们都有成功的时候，但不应有骄傲的片刻；我们都有失败的时候，但不应有隐瞒的念头。

摔倒了，并不是代表你永远都无法爬起来。重要的，是要永保毅力，凭借着自己坚韧不拔的毅力，相信终有一刻，你会从跌倒的地方爬起来。如果你不去尝试，跌倒了，即使你有能力爬起来也是无关紧要的。

失败是强者的逗号；是弱者的句号。或许你不是最好的，但你一定要是最自信的。成功的火花在勤奋中迸发，智慧的光环在自满中消失。拥有成功，继续努力，面对失败，从头再来。这才是面对人生的真正态度。

前496年，吴王派兵攻打越国，被越王勾践大败，吴王也受了重伤。临死前，他嘱咐儿子夫差要替他报仇。夫差牢记父亲的话，日夜加紧练兵，准备攻打越国。过了两年，夫差率兵大败勾践，勾践被包围，无路可走，准备自杀。这时谋臣文种劝住了他，说："吴国大臣伯嚭贪财好色，可以派人去贿赂他。"勾践听从了文种的建议，就派他带着美女西施和珍宝贿赂伯嚭，伯嚭答应带西施和文种去见吴王。文种见了吴王，献上西施，说："越王愿意投降，做您的臣下伺候您，请您能饶恕他。"伯嚭也在一旁帮文种说话。伍子胥站出来大声反对道："人常说'治病要除根'，勾践深谋远虑，文种、范蠡精明强干，这次放了他们，他们回去后就会想办法报仇的！"这时的夫差以为越国已经不足为患，又看上了西施的美色，就不听伍子胥的劝告，答应了越国的投降条件，把军队撤回了吴国。吴国撤兵后，勾践带着妻子和大夫范蠡到吴国伺候吴王，放牛牧羊，终于赢得了吴王的欢心和信任。三年后，他们被释放回国。勾践回国后，立志发愤图强，准备复仇。他怕自己贪图舒适的生活，消磨了报仇的志气，晚上就枕着兵器，睡在稻草堆上，他还在房子里挂上一只苦胆，每天早上起来后就尝尝苦胆，而且门外的士兵每天都会问他："你忘了三年的耻辱了吗？"他派文种管理国家政事，范蠡管理军事，他亲自到田里与农夫一起干活，他的妻子也纺线织布。勾践的这些举动感动了越国上下官民，经过十年的艰苦奋斗，越国终于兵精粮足，转弱为强。再说吴王夫差，自从战胜越国后，他以为再没有了后顾之忧，从此沉迷于西施的美色，过着骄奢淫逸的生活。他狂妄自大，不顾人民的困苦，经常出兵与其他国家打仗。他还听信伯嚭的坏话，杀了忠臣伍子胥。这时的吴国，貌似强大，实际上已经在走下坡路了。前482年，夫差亲自带领大军北上，与晋国争夺诸侯盟主之位，越王勾践趁吴国精兵在外，突然袭击吴国，一举打败吴兵，杀了太子友。夫差听到这个消息后，急忙带兵回国，并派人向勾践求和。勾践估计一下子灭不了吴国，就同意了。前473年，勾践第二次亲自带兵攻打吴国。这时的吴国已经是强弩之末，根本抵挡不住越国军队，屡战屡败。最后，夫差又派人向勾践求和，范蠡坚决主张要灭掉吴国。夫差见求和不成，才后悔没有听伍子胥的忠告，非常羞愧，最后拔剑自杀了。

聋哑艺术家邰丽华两岁时因为高烧失去了听力。但她对世界充满了感恩，她觉得自己已经注定一生都要用身体的舞蹈和心中的音乐去膜拜生命。当你看到那一个个到位的动作时，是否会发出一声惊叹？是否会觉得不可思议？但邰丽华却做到了。也许她并没有达到舞蹈的顶峰，因为学是无止尽的。但她却已经战胜了任何人。邰丽华小时候刚进聋哑学校时，一堂"律动课"对她后来从事舞蹈事业起了非常重要的作用。那天，老师踏响木地板上的象脚鼓，把震动传给站在地板上的学生，让孩子们由此知道什么是节奏。当同学们为脚下变化无穷的震动兴奋不已时，小丽华已全身匍匐在地板上，她指着自己的胸口告诉教师："我喜欢！"她努力地感受不同的震动，娇小的身体随之摆动。她突然发现，这是一种属于她的语言。在婀娜的舞姿背后，邰丽华付出了比常人多好几倍的辛苦。台上一分钟，台下十年功。她顽强的毅力让我们感动，让我们的心灵受到猛烈的撞击。她全身心地投入到自己的舞蹈事业中，她将自己变成了一只旋转的陀螺，24小时中除了基本的吃饭和睡觉时间，其他一切时间都是在舞蹈。找不准节拍再练，动作不对再改，一次又一次，爬起，摔到，爬起……以致小腿上留下了一道又一道漆黑的伤疤。凭借执着的努力和天赋，邰丽华在15岁时，就随中国残疾人艺术团出国演出了。在很多次舞蹈比赛中，评委们几乎没有发现她是一位双耳失聪的残疾人。重新燃起的生命之火让邰丽华重新认识到了存在的意义，她想和正常人一样生活，和他们一样体验这个世界的丰富多彩。她爱上了舞蹈，虽然没有音乐，但是她用自己的心去伴奏。她说过："残疾不是缺陷，而是人类多元化的特点。残疾不是不幸，而是不便。残疾人，也有生命的价值。愈是残缺，愈要美丽！"

　　他曾经是日本最大的零售集团的总裁，他把所有钱都投入到了集团中。当他72岁时，他苦心经营的集团倒闭了，他从一个国际知名企业家一下子变成了一个一文不名的穷光蛋。有人以为他肯定要自杀或从此愁苦下去。但是他没有，他很快调整了心态，和几个年轻人办起了一家网络咨询方面的小公司。他说，感谢失败，如果不是失败，他就不可能有机会在70多岁的时候体验什么叫东山再起，更没有机会和年轻人一道挑战过去从未接触过的IT领域。他叫和田一夫。他为什么能这么快调整心态？秘诀有两个：一个是光明日记，另一个是快乐例会。他从20岁开始就坚持每天写一篇日记，只记录快乐的事情，相信人生总是朝着好的方向发展，以此激励自己，战胜挫折和困难。他把这种日记叫作光明日记。与此同时，他在办企业包括后来重开公司期间，每个月要召集一次例会，在谈工作前，要求每个与会者用3分钟的时间谈一下自己本月来最快乐的事情，以此调动大家的情绪，使一些情绪低落者都受到感染，从而群情振奋。这种例会，他称为快乐例会。我们可以学习这两个秘诀，把我们的周记和随笔写成光明日记，把我们的班会开成快乐的主题班会，让我们在快乐中走出考试失败的阴影，树立信心，相信只要我们努力，我们就能无愧于心，我们就能成功！

永不服输的品格

1940年6月23日，威尔玛·鲁道夫出世了，由于她是早产儿，这注定了她先天性发育不良。4岁那年，威尔玛不幸同时患上了双侧肺炎和猩红热。她又因猩红热引发了小儿麻痹症，她的左腿因此残疾了。在5年期间，母亲把所有听说的偏方都试了，并号召全家人一有时间就帮她按摩！奇迹终于出现了！威尔玛9岁那年的一天，她独立站了起来。母女俩5年的辛苦和期盼终于有了回报！11岁之前，威尔玛只能依靠钉鞋行走。11岁那年的夏天，威尔玛摆脱了钉鞋，独立地行走了！

13岁那年，威尔玛决定参加短跑比赛。学校的老师和同学都不认可她。可威尔玛凭着惊人的毅力、顽强的拼搏精神，一举夺得了100米和200米的短跑冠军，令所有人对她刮目相看。

在1956年奥运会上，16岁的威尔玛参加了4×100米短跑接力赛，并和队友一起获得了铜牌。1960年威尔玛在美国田径锦标赛上以22秒9的成绩创造了200米短跑的世界纪录。在当年举行的罗马奥运会上，她参加了100米、200米和4×100米接力赛。每场必胜，获得了3枚奥运金牌。这一切都是她为了梦想刻苦努力、顽强拼搏所取得的巨大成就！

她从腿麻痹——拄着拐杖走——靠钉鞋走——独立行走——参加跑步比赛——成为奥运短跑冠军。在世人看来，这是一个奇迹，一个不可能发生的奇迹，可它确确实实地发生了。当然，对于普通人来说，这是他们想都不敢想的

"奇迹"，可对于一些有着顽强的毅力，永不服输的志气和敢于拼搏的人来说，这就是他们人生所必须面对的困难。是的，人生是一场搏斗，"爱拼才会赢！"有一位哲学家曾说："命运的左岸是幸运，右岸是霉运。左、右都由你自己选择！"也就是说，我们一生快乐与否，全部取决于自己。

只要我们敢于拼搏，就能战胜种种困难，抵达命运的左岸，就会拥有幸运的人生。威尔玛就是其中一个敢于拼搏的人，所以她是一个幸运的人。

"爱拼才会赢！"放眼天下，所有的成功人物都是靠拼才走上了成功之道，从没听说，有人是坐在安乐椅上成功的？

居里夫人若是没有那样的一股拼劲，她就不可能耗尽一生找到镭！

苏格拉底受尽嘲笑，如果他没有那一股拼劲，那他又怎能名垂青史。流芳百世？面对一条条不知就里的路，没有拼，不敢尝试，怎么能得到成功？

"爱拼才会赢！"张海迪不惧艰险，凭顽强的毅力、拼搏的精神走向成功；爱迪生自信自强，一生完成一千多项发明，被称为"发明大王"。

"爱拼才会赢！"依然记得2004年奥运会上的中国女排，是她们，用拼搏让最后的希望攀援着意志的臂膀上升，直到最后一记重扣，敲响欢庆的锣鼓；是她们，用拼搏换回了曾经的光荣，开启了崭新的梦想；是她们，用拼搏沸腾了中华儿女的热血，让中国扬眉吐气！

著名推销商比尔·波特在刚刚从事推销业之初，屡受挫折，但他硬是一家一家地走下去，终于拥有了自己的第一个买家。渐渐地，他成了一名走街串巷的英雄。如今的他，成了怀特金斯公司的招牌。比尔·波特告诉我们："决定你在生活中要做的事情，要看到积极的一面，没有实现它之前永远不要放弃。"他是美国成千上万销售人员中的一员，他与其他人相同的是，每天早上起得很早，为一天的工作做准备，但是他与其他人不同的是，他要花三个小时到达他要去的地点。

不管多么痛苦，比尔·波特始终坚持着这样一个令人筋疲力竭的路程，工作就是比尔的一切。他要以此为生，从个人的角度来说，工作也是比尔价值的重要体现，而这种价值曾经被世人忽视过。多年以前，比尔就认识到他一定做出选择：要么被当作废物，要么去工作。他选择了后者，成了一个推销员。

比尔出生于1932年。他妈妈生他的时候难产，大夫用镊子助产时不慎夹碎了比尔大脑的一部分。伤害导致比尔患上了大脑神经系统瘫痪，这种紊乱严重影响了比尔的说话、行走和对肢体的控制。比尔长大后，人们都认为他肯定在神智上还存在着严重的缺陷和障碍，州福利机关将他定为"不适于被雇用的人"。专家们说他永远都不能工作。但是，比尔有一位好妈妈，她一直鼓励比尔做一些力所能及的事情。她一次又一次地对比尔说："你能行。你能够工作、能够独立。"比尔受到妈妈的鼓励后，开始从事推销员的工作。他从来没有将自己看作"残疾人"。开始时，他向福勒刷子公司提交了一份工作申请，但该公司拒绝了他，并说他根本无法完成本公司的业务。几家公司都做出了同样的判断。但比尔坚持了下来，他发誓一定要找到工作，最后怀特金斯公司很不情愿地接受了他，同时也提出了一个条件：比尔一定要接受没有人愿意承担的波特兰、奥根地区的业务。虽然条件非常苛刻，但毕竟是个机构，比尔欣然接受了。1959年，比尔第一次上门推销，反复犹豫了4次，才最终鼓起勇气摁响了门铃。开门的人对比尔推销的产品并不感兴趣。接着是第二家、第三家。比尔的生活习惯让他始终把注意力放在寻求更强大的生存技巧上，所以即使顾客对产品不感兴趣，他也不感觉灰心丧气，而是一遍一遍地去敲开其他人的家门，直到找到对产品感兴趣的顾客。38年来，他的生活全部重复着同样的路线。每天早上，在他工作的路上，比尔会在一个擦鞋摊前停下来，让别人帮他系一下鞋带，因为他的手非常不灵巧，要花很长时间才能系好。然后在一家宾馆门前停下来，宾馆的接待员给他扣上衬衫的扣子，帮他整理好领带，使比尔看上去更好一些。不论刮风，还是下雨，比尔每天都要走16公里，背着沉重的样品包，四处奔波，那只没用的右胳膊蜷缩在身体后面。这样过了3个月，比尔敲遍了这个地区的所有家门。当他做成一笔交易时，顾客会帮他填写好订单，因为比尔的手拿不住笔。出门14个小时后，比尔会筋疲力竭地回到家中，此时他关节疼痛，而且偏头痛还时常折磨着他。每隔几个星期，他就打印出订货顾客的清单，由于他只有一个手指能用，所以这项简单的工作常常用去他10个小时的时间。每天深夜，当把一天的工作全部都做完后，他将闹钟定在4点45分，以便早点起床开始明天的工作。一年年过去了，比尔负责的地区的家门越来越多地被他打开了，他的销售额也渐渐地增加了。24年过去了，他上百万次地敲开了一扇又一扇的门，最终他成了怀特金斯公司在西部地区销售额最高的推销员，成为了销售技巧最好的推销员。现在比尔已经60多岁了。怀特金斯公司现有6万名推销员在全国各地的商店推销着公司的家用产品，但比尔仍然是唯一一个上门进行推销的推销员。

现在许多人在打折商店成批地购买怀特金斯公司的产品，这使他的工作越来越困难。面对着变化了的购买趋势，比尔没有找借口，也没有抱怨。他一直在尽自己的最大努力坚持着，在他负责的地区上门推销，照顾自己的顾客。1996年夏天，怀特金斯公司在全国建立了连锁机构，现在比尔没必要上门进行推销，说服人们来购买他的产品了。但此时，比尔成了怀特金斯公司的产品形象代表，他是公司历史上最出色的推销员，公司以比尔的形象和事迹向人们展示公司的实力。怀特金斯公司对比尔的勇气和杰出的业绩进行了表彰，他第一个得到了公司主席颁发的杰出贡献奖，后来这一奖项就只颁发给那些拥有像比尔·波特那样杰出成就的人。

在颁奖仪式上，比尔的同事们站起来为他欢呼鼓掌，欢呼和泪水持续了5分钟。怀特金斯公司的总经理告诉他的雇员们："比尔告诉我们：一个有目标的人，只要全身心地投入到追求目标的努力中，那么生活中就没有事情是不可能做到的。"

那天晚上比尔·波特的眼中没有痛苦，只有骄傲和自豪。

冷静有力量

堵车堵得厉害，交通指挥灯仍然是红灯，而时间紧迫的你烦躁地看着手表的秒针。终于亮起了绿灯，可是前面的车子迟迟不起动，因为开车的人思想不集中。你愤怒地按响了喇叭，那个似乎在打瞌睡的人终于惊醒了，仓促地挂上了一挡。而你却在几秒钟里把自己置于紧张而不愉快的情绪之中。

美国研究应激反应的专家理查德·卡尔森说："我们的恼怒有80％是自己造成的。"这位加利福尼亚人在讨论会上教人们如何不生气。他还就此写了一本书《不要为小事情浪费精力》。这本书在10个月里销售了420万册。卡尔森把防止激动的方法归结为这样一句话："请冷静下来！要承认生活是不公正的。任何人都不是完美的，任何事情都不会按计划进行。"应激反应这个词从20世纪50年代起才被医务人员用来说明身体和精神对极端刺激（噪声、时间压力和冲突等）的防卫反应。现在研究人员知道，应激反应是在头脑中产生的。在即使非常轻微的恼怒情绪中，大脑也会命令分泌出应激激素。这时呼吸道扩张，以便为大脑、心脏和肌肉系统吸入更多的氧气。血管扩大，心脏加快跳动，血糖水平升高。

埃森医学心理学研究所所长曼弗雷德·舍德洛夫斯基说："短时间的应激反应是无害的。使人受到压力的是长时间的应激反应。"他研究所的调查结果表明：61％的德国人感到在工作中不能胜任；有30％的人因为觉得不能处理好工作和家庭的关系而有压力；20％的人抱怨同上级关系紧张；16％的人说在路途中精神紧张。

理查德·卡尔森的一条黄金规则是："不要让小事情牵着鼻子走。"他说："要冷静，要理解别人。"他的建议是，在生活中，常常表现出感激之情，这样别人会感觉到高兴，你的自我感觉会更好；学会倾听别人的意见，这样不仅会使你的生活更加有意思，而且别人也会更喜欢你；每天至少对一个人说，你为什么赏识他；不要试图把一切都弄得滴水不漏，只要找总是能找到缺点的。这样找缺点，不仅会使你，也会使别人生气；不要顽固地坚持自己的权利，这会没有必要地花费许多精力，不要老是纠正别人，常给陌生人一个微笑；不要打断别人的讲话；不要让别人为你的不顺利负责，要接受事情不成功的事实，天不会因此而塌下来；请忘记事事一定完美的想法，你自己也不是完美的。这样生活会突然变得轻松起来。如果抑制不住生气呢？这时你要问自己：一年后生气的理由是否还那么重要？这会让你对许多事情得出正确的看法。

《孙子兵法》有云："一曰度，二曰量，三曰数，四曰称，五曰胜。地生度，度生量，量生数，数生称，称生胜。故胜兵若以镒称铢，败兵若以铢称镒。""兵法强调的基本原则：一是度，二是量，三是数，四是称，五是胜。敌对双方都拥有土地，就产生了土地面积大小的度；双方土地面积大小的不同，就产生了双方物产资源不同的量；双方量的不同，就会产生兵力不同的数；双方兵力不同的数，就产生了双方实力不同的称；双方实力强弱不同的称，就构成了胜败物质基础的胜。所以，胜利之师好像用镒称铢那样占有绝对的优势，而失败的军队就像用铢去称镒那样处于绝对的劣势。"

孙子战术思想的基础就是根据战争的客观规律，冷静地制定比较系统的战略战术原则。冷静观察，不轻举妄动，绝不为假象所动，这样才能想出周全的法子去解决战争中遇到的问题。

遇事要冷静，紧要关头只有冷静救得了你。事实上，人在什么时候都应当沉着而不应感情用事。这不但是成功的秘诀，而且是战胜困难的最佳妙法。也许听了下面这个故事之后，你会对冷静有更深的体会和理解，从中懂得遇事冷静的重要性。

一位青年由于家庭贫困辍学，但他有一个妹妹，成绩优异，不上大学实在可惜，为了能让妹妹上大学，他来到工地挖隧道，不料第一次走进隧道就遇到了岩石塌方……

当时局面难以控制，有人大放悲声，有人想往岩石上撞，近乎疯狂。他也差点控制不住自己，刹那间他想了很多，首先想到了死，但是，他想自己要是死了，妹妹就会辍学，父母就会悲恸欲绝。想到这里，他镇静下来，决定试着控制局面，他努力使自己的声音变得很沉稳："想活命吗？想活命就听我的！"黑暗中的几个人渐渐安静下来。

这时他又向被困的其他四个人发号施令："第一，你们一定要听我指挥。第二，外面肯定在组织救援，但需要时间。第三，休息睡觉，因为累死也搬不动那千斤重的大石头。第四，隧道里到处都是水，有水就能活十几天。"不过他还是隐瞒了一件事情，就是他进隧道时带了两个馒头，现在已成无价之宝。

可是等到第三天过去了，隧道里还是没有一丝光亮，他把其中一个馒头分成五份给大家吃。第五天，终于听见隧道外隐约传来钻机风镐的声音。他赶紧把最后一个馒头分成五份给大家吃，然后大声命令四个人拿起工具拼全力往巨石上敲击……

几个劫后余生的人躺在病床上怎么也不会相信，那个沉稳威严，组织大家出来的人竟然是一个毛头小伙子。事后他说："冷静，在紧要关头，只有冷静救得了你。"

的确，在现实生活中，我们需要太多的冷静。遇事冷静，可以避免一些本不该发生的事。

冷静好比河水，渠道畅通，河水才能缓缓流入农田。如果失去冷静，感情的河水会变为失控的洪水，它不仅不能灌溉农田，而且会冲毁农田。而在生活中失去冷静会招来更多的心里痛苦，工作上失去冷静会导致失败。谣言四起的时候，如果能够及时把谣言与事实区分开来那便是最好不过了，但是这点往往是非常难的。辟谣是必要的，但不要指望你说的事实人家会马上相信。更不要指望把谣言统统封存起来，这是因为飞出去的故事是追不回来的。在大多数的情况下，对付谣言最好的办法不是急于澄清，而是淡然漠视。

面对委屈时，向领导和朋友诉说也是可以的，但不必指望他们一定能帮上你的忙。人在委屈的时候需要冷静一下，然后再思考问题，冷静地去寻找能够说明事实真相的材料，找到一个证据要比喊叫十次更有力量。除此之外，还要善于包容，包容可以将大事化小，小事化了，促进心理上的平衡，避免因委屈而产生的暴怒。

生活中有许多人，因在突发情况下的不冷静，从而使事件发生恶变，自己也成了事件的受害者。

一位大学毕业生应聘于一家公司搞产品营销，公司提出试用期为3个月。在这3个月中，他起早贪黑、全力工作，而且颇有业绩。当3个月过去时，他恼怒于公司没有正式聘用通知而愤然提出辞职。公司一位副经理请他再考虑一下。他越发火冒三丈，说了很多过激的抱怨话。对方为此也动了气，明明白白地告诉他，公司不仅已决定正式聘用他，还准备提拔他为营销部的副主任。由于他这么一闹，可想而之，这家公司也就不会再聘用他了。

在现实生活中，冷静地面对社会百态，才能使我们的生活提纯至较高品位。冷静处事，是为人的素质体现，也是情感的睿智反映。生活里有太多的逆境，它是生活中的偶然。但在理智面前，偶然总会转化为令人快慰的必然。偶然与必然尽管有理论上的反差，但它绝对可以在冷静和智慧中达到完美的统一。所以说:"静而后能安,安而后能虑,虑而后能得。"这个"得"字,才是对高品位生活的甜甜享受。

我们要以冷静的态度去面对社会,这既有利于社会,也有利于我们自身。以冷静面对生活,有利于苦乐中的洗练,可尽享人生中的惬意;以冷静面对他人,有利于善恶中的辨识,可亲君子而远小人;以冷静面对名利,有利于道德上的筛选,可提高人品和素质;以冷静面对坎坷,有利于安危中的权衡,可除恶果保康宁。冷静,使我们大度、理智、无私和聪颖。冷静,是知识、智慧的独到涵养,更是理性、大度的深刻感悟。当我们在面对着一个高速发展的物质世界时,我们一定要具有人性的成熟美。否则,就算是把成功送到我们面前,我们也会与它擦肩而过。

每个人在生活中难免都会遇到一些突如其来的变故,只要我们能够冷静面对、灵活处理,我们就一定能找到解决问题的好方法。我们的生命中,有很多问题都需要我们去冷静面对。比如,小时候面对老师的提问,面对一道计算题;毕业时面对的是选择继续深造,还是择业;应对面试官的盘问;面对人生中的一次重大决策;等等。学会沉着应对,认真思考,你才能找到一份满意的答案,开辟一条平坦的人生之路,才能一次次做出正确的决策,获得一次次成功的机会。

许多的杰出人物正是因为有临危不惧的优点,才创造出一次次的丰功伟绩。《生死抉择》中的李高成面对严峻的形势和上级施加的压力,他日夜认真思考,最终决定立案检查中阳纺织厂的财务状况,查处了一批贪污犯,保住了企业资金,为国家挽回了巨大财产。在这些重大难题面前,他们都能保持沉着冷静,把事情顺利地办成功了,从而为国家做出了巨大贡献。

相反,遇事不冷静,凭借自己的一时冲动,往往误了大事,甚至损人害己。所以,在现实生活中,无论做什么,都要学会冷静。冷静地去面对一切,把握主动，绝不意气行事……

"人有悲欢离合，月有阴晴圆缺"，这其中的"悲欢"简单来说就是我们的情绪。情绪是人类面对世界的心理反应，正如日出日落、月圆月缺一样，情绪也会时好时坏，这种变化和波动是十分正常和自然的。可以说我们的生活离不开情绪，它与我们每天的生活形影不离。

情绪有两种：消极的和积极的。大凡恐惧、仇恨、愤怒、贪婪、嫉妒、报复、忧伤之类的情绪都属于消极的情绪，而积极的情绪阵营中则经常提及爱、希望、信心、同情、乐观、忠诚、快乐等。根据美国密歇根大学心理学家南迪·内森的一项研究发现，常人在一生中平均有近三分之一的时间处于情绪不佳（消极的情绪）的状态。消极情绪对我们的健康危害很大，科学家们已经发现，经常发怒和充满敌意的人更可能罹患心脏病。哈佛大学曾调查了1600名心脏病患者，发现他们经常焦虑、抑郁和脾气暴躁者比普通人多三倍。因此，人们非常有必要与那些消极的情绪做斗争。

我们不能让自己成为情绪的奴隶，不能让那些消极的心境左右我们的生活。可以毫不夸张地说，学会控制自己的情绪是生活中一件生死攸关的大事。因为消极情绪不仅仅危害我们的身体健康，也会对我们的工作、学习、人际交往、事业产生不良影响，甚至我们的命运也会因为消极的情绪而毁于一旦。

在美国加州有一个小女孩，她的父亲买了一辆大卡车。她父亲非常喜欢那辆卡车，总为那辆车做精心的保养，以保持卡车的美观。

一天，小女孩拿硬物在她父亲的卡车上留下了很多的刮痕。她父亲盛怒之下用铁丝把小女孩的手绑起来，然后吊着小女孩的手，在车库前罚站。4个小时后，当父亲平静下来回到车库时，他看到女儿的手已经被铁丝绑得血液不通了！父亲把她送到急诊室时，手已经坏死。医生建议小女孩截去双手。就这样，小女孩失去了她的一双手！

父亲的愧疚可想而知。大约半年后，小女孩父亲的卡车进厂重新烤漆，又像全新的一样了。当他把卡车开回家时，小女孩看着完好如新的卡车，对他天真地说："爸爸，你的卡车好漂亮哟，看起来就像是新卡车。但是，你什么时候才把我的手还给我？"不堪愧疚折磨的父亲终于崩溃，最后举枪自杀。一场悲剧，只是因为父亲没能控制住自己的一次情绪。

在德国世界杯的决赛场上，世界足坛最优秀的球员齐达内也同样是因为没能控制好情绪，愤然一头撞向对方球员而得到一张红牌，在自己辉煌足球生涯的最后时刻留下了遗憾的一笔。所以，人们说齐达内只差一头就完美了。

情绪控制至关重要，同时情绪控制也很难。情绪控制是一种很高的内在修养，是一门艺术。我们应该对各种情绪持有警觉意识，并且视其对心态的影响是好是坏而决定接受或拒绝。积极的我们就接受，消极的我们就拒绝，并时刻提醒自己这些情绪正是你人生计划成功或失败的关键所在。弱者任情绪控制行为，强者让行为控制情绪。

第七章

群英携手，
执行无往不利

古语"众人拾柴火焰高""团结就是力量"告诉我们，一个人的力量是有限的，我们只有在团队的支持下，才会更加强大，携手团队一起去行动，成功才不是那么的遥远。海豹突击队之所以屡战屡成，越挫越勇，除了他们坚信"执行无往不利"的信念外，他们的团队合作精神亦为人们所称颂。

马其顿方阵

在古希腊时代晚期，爱琴海上出现了一个伟大的帝王——亚历山大。他用一生的时间去征服了当时已知世界的三分之二。其先后灭亡了波斯帝国、叙利亚帝国、埃及帝国、印度城邦等一系列当时世界上地域庞大、人口众多、国富兵强的大帝国。亚历山大的军队所到之处无坚不摧，无城不克，他是怎么做到的呢？这和亚历山大军队特有的马其顿方阵是分不开的。

马其顿方阵的构思最早来源于斯巴达。当时斯巴达是希腊地区军事力量最强大的城邦，以纪律严明、讲究团队合作而闻名。斯巴达军队每每打仗时都要先列一种阵。在这种阵中，第一排身披重甲的士兵手持两三米长的长矛指向前方。第二排、第三排士兵手拿弓箭、投枪等远程武器紧随其后。第四排士兵与第一排士兵一样手持长矛，第五排、第六排士兵像第二排、第三排士兵那样持弓箭、投枪。后面排数以此类推。当遇到敌人进攻时，第一排士兵蹲下，第二排、第三排士兵用远程武器攻击敌军。等第二排、第三排士兵弓箭与投枪射出后，立即蹲下，接着第四排手持长矛的士兵也蹲下，第五排、第六排士兵接着施放远程武器。这样等到最后手持远程武器的士兵投放远程武器后，第二排、第三排士兵已经上好弓箭和投枪开始向前方射击，这样就造成了对敌人不间断地远程武器攻击。当剩余敌人在枪林弹雨中有幸冲到阵前又不得不面对长矛的冲刺，而最终死于矛下。

这是人类历史上第一次在战争中强调团队合作，步调一致的战争原则。

斯巴达靠着这样的方阵称霸了希腊半岛三百余年。然而，到了亚历山大时代，由于战争兵种发生了变化，由过去的单一步兵发展到步、车、骑三兵种协同作战。这时候斯巴达方阵的劣势便显现了出来。由于斯巴达方阵正面非常坚固，几乎不可能实现从正面直接突破，然而它的两翼与后方却十分薄弱，特别是难以阻挡骑兵快速迂回作战。因此，亚历山大对马其顿方阵进行了改革，不仅加强了两翼防御力量，而且在方阵后增加了游骑兵作为掩护。而方阵与方阵间的距离、位置、配合程度更是规定得非常严格，如两个方阵间不得近于5米，以防一方阵崩溃后，后一方阵受影响。数个方阵组成一个方阵群，其中分进攻方阵和掩护方阵。撤退时，听长官号令，除掩护方阵外，其他方阵士兵向后转，有步调地撤退，不至于被敌军追击而溃散。这些改革非常有成效，逐渐成为当时闻名天下的马其顿方阵。

会有人问，别的国家为什么不学习马其顿方阵的作战方式呢？这个问题很好，不是别的国家不愿意学，而是难以学会。马其顿方阵其厉害之处在于它的软实力而不是它的外在形式。所谓的软实力就是马其顿人强调的团队性、纪律性。马其顿方阵队员都要经过严格选拔和长期残酷的训练。其成员之间要经过长时间的磨合，合作才能做到步调一致，服从命令一致。为了说明这一点就必须介绍一下亚历山大指挥的马其顿方阵征服色雷斯人的战役。

当时的色雷斯还是一个独立的国家，占有卜尔息狄斯半岛以东、海岸线以北的广大地区，是马其顿向波斯领土前进的障碍。亚历山大决定解除这一障碍，并把攻占色雷斯和征服马其顿与多硝河之间的各部落纳入统一的战略目标，把马其顿的东部边界扩大到色雷斯海以北，以天然防线代替原来那种不稳定的陆地防线。这一战役的目的仍然不在于征服，而是为了在未来的战争中有一个巩固的后方，并再一次给希腊人以震慑，提高马其顿王国的威望。马其顿大军到达希普隘道后，发现一些武装的商人和色雷斯士兵已经占领了至高点，并用车辆构成了一道防线。待马其顿军队进入隘道，然后放出车辆，冲击其队列，以便在混乱时发起冲锋。亚历山大猜到了敌人的计谋，命令方阵军灵活运动，视情况随时改变队形。如果车辆从山坡滚下来，队形立即分开，给车辆让出一条路；如果车辆从狭谷中滚落，队伍就要紧急卧倒，把盾牌在身体下方连成一片，让车辆从上面滚下去。他又把弓箭手从一个方阵的右翼调到另一方阵的前方，以便在色雷斯人出击时更准确地射中其左翼目标。事情果然不出亚历山大所料，敌人放过来的车辆一部分从分开的队伍中间通过，另一部分从盾牌铺成的平面上通过。虽然滚车速度极快，但没有造成任何人员伤亡。这时，他亲自带领突击队、卫队和文古里亚人的队伍转到左翼，由弓箭手助阵，步步逼近敌人。色雷斯人不敢前进一步，慌忙丢下武器逃下山去。

亚历山大率军越过巴尔干山向前进发，到达现已不可考的一条多瑙河支流的沿岸，特巴里亚国王赛尔马斯携妇孺到多瑙河中的普斯岛避难，而其主力部队却迂回转移到一个森林密布的幽谷之中，难以对它展开攻势。亚历山大命令弓箭手向谷内的人四处射击，同时组成楔形方阵在弓箭手和投石兵后面的林木的掩蔽下待命，方阵的两翼以骑兵为掩护。特巴里亚人的前哨受到箭矢和石块的攻击后，误以为对方兵力薄弱，并无有力的武器，便冲上前来肉搏。击退了那些弓箭手和投石兵，然后从峡谷中倾巢而出，投入了亚历山大的罗网。亚历山大率领方阵兵突破敌人的中央阵地，并命令骑兵纵队从左右两翼包围敌人，杀死敌人3万多人，余者在夜幕中沿峡谷逃跑。这场战争充分地反映了马其顿方阵的团队合作的精密性、灵活性与纪律性。它创造了战争模式的新纪元，使战争不再像远古时那样进行无组织、无纪律的乱斗，而是形成了一个非常有条理的、系统的多兵种配合的团队，对后世战争模式的影响极为深远，是一场新的战争史上的里程碑。

团队的意义在于把很多人集合在一起，发挥集体主义精神，以达到团队的目标。在战争中,重视团队建设的军队一定是攻无不克、战无不胜的军队。在当今时代,重视团队建设不仅仅是军队的使命,更是对企业的核心竞争力强弱大小的衡量表。一个不重视团队建设的企业在竞争中绝对会输给团队建设成功的企业。在足球界更是如此,往往球星众多的球队会输给球星少但是团队强大的球队。号称"历史上最强大"的巴西队于2006年7月1日在与法国队进行的世界杯1／4比赛中,被淘汰出局,黯然离开赛场,为他们的球队绣上第六颗星星的计划也宣告流产。如果说巴西队在以往的世界杯比赛中出局,还能因为自己的高超球技赢得掌声,那么这一次的离开,却只剩下了"丑陋足球"的印象。罗纳尔多、罗纳尔迪尼奥、卡洛斯、卡福、儒尼尼奥等众明星低下了他们高傲的头。核心球员没有状态,教练排兵布阵犹豫不决,整体配合稍显生疏,球员之间不够团结,最终使强大的巴西队无法展示出自己的强大,无法再一次捧起大力神杯,无法站到世界足坛的顶峰。在热身赛中还表现平平的法国队,靠团队精神,凭借他们非凡的意志力、凝聚力、协助力,最终发挥了威力,战胜了不可一世的巴西队。

"狼狈为奸"的辩证分析

在海湾战争中,对付伊拉克的"沙漠风暴"联合行动有包括海豹突击队在内的许多团队。其中有一个海豹突击队组成的小组,从1990年组建到1991年敌对状态结束之后的这段时间内,它专门负责管理重达700万吨的设备、燃料和供应物资,运送、接收和维持大型的运载工具。而这个小组之所以每次都能出色地完成任务,都归功于海豹突击队平时注重团队建设与训练。团队训练是"海豹"训练的基本原则,也是"海豹"思想中最有活力的部分。尽管在任何时候都要求个人做出最大努力,然而,团队的完美协作才是"海豹"小队的力量之所在,就是这种力量驱使"海豹"小队和以前的水下爆破小队在几乎不可能的条件下,仍然完成了各种任务。"海豹"训练之初就强调紧密合作,具体做法多种多样,但最常见的是圆木练习和小船练习。这种训练要求7个人躺成一排,胸部放上一根两三百磅重的圆木,7个人同时坐起来,这是"海豹"训练的独创。如果7个人不能同时用力,根本无法坐起来。只有协调到恰到好处,才有可能坐起来。这根重几百磅的电线杆子就被叫作"体能训练圆木",主要用于向兵员灌输团队合作的思想。正是由于这样的训练,海豹突击队才能成为以协同一致、团队合作闻名世界的特种部队。

中国有句成语叫作"狼狈为奸"。说的是腿长而近视的狼背着腿短但夜视能力好的狈在晚上去偷袭猎物。它们互相发挥优势,狈发现猎物时就告诉狼方向,狼就跑过去猎取。被人发现时,腿长的狼就背着狈逃跑。由于在中国古代，狼和狈都被认为是破坏农业、畜牧业生产的害兽，因此这句话就特指坏人之间互相勾结做坏事，这个词也就相应地有了贬义色彩。然而这句成语的本意其实旨在说明狼与狈形成的以互相发挥各自的优势，互补各自的劣势而猎取猎物的团队合作行动。这说明其实"狼狈为奸"这个成语是中性词，强调的是以己之长补他之短，收他之长补己之短的协助精神。而这种协助精神正是团队中的灵魂。

在F1赛车的赛场上，赛车都需要有几次加油和换轮胎的过程。要知道，在紧张刺激的赛车比赛中，每部车都要分秒必争。因此，赛车每次加油和换胎都需要勤务人员的团结协助。一般情况下，赛车的勤务人员是22个人。在这其中，有三个人是负责加油的，其余的人都是负责换胎的，有的人拧螺母，有的人压千斤顶，有的人抬轮胎……这是一项最体现协助精神的工作。以现今F1车队的水准来说，通过团队的合作，人们可以在7秒内完成换胎并加满60公升的汽油。这个速度在日常情况下，再熟练的维修工人也是无法达到的。如此快的过程，不仅是分工明确，更是多人合作的结果。

可以说，这样的比赛，其胜利是通过团队成员的高度协助来实现的。所以，协助精神是团队制胜的灵魂。朗讯前CEO鲁索说："协助对于今天的企业而言就是生命。没有协助精神的员工是对企业的极不负责任。"松下集团创始人松下幸之助说："松下不能缺少的精神就是协助，协助使松下成为一个有战斗力的团队。"钢铁大王安德鲁·卡内基说："放弃协助，就等于自动向竞争对手认输。"协助才能发展，协助才能胜利。这是今天世界各界领袖的共识。缺乏协助精神的企业不可能稳步前进，这就像几匹马拉一辆车行驶一样，当所有的马朝着一个方向，步调协调地奔跑时，这辆车才能有速度。如果几匹马步调不一致，朝着不同的方向对抗，这辆车就很难前进，弄不好还会导致人仰马翻。卡尔·马克思说过一个故事。拿破仑带领法国军队所向披靡，然而，在进攻马本留克的时候，拿破仑的军队遭到了顽强的抵抗。由于马本留克兵高大威猛，一个法国士兵根本打不过一个马本留克兵，一时间法国军队无法前进。后来，法国人发现，两个法国士兵就可以打过两个马本留克兵，一群法国兵就可以打过一群马本留克兵。所以，法国士兵避免和他们单个人进行较量，靠相互协作，最终击败了马本留克兵。原来，马本留克兵虽然强悍无比，但他们不重视合作，甚至出现自己人打自己人的现象。如果同伴遇到了危险，他们也不去接应，而法国士兵却重视合作。最终，拿破仑的军队再次取得了胜利。

查克·斯温多尔在《钓鱼随想》中写道："没有人是完美的个人，我们彼此需要。你需要某人，某人也需要你。我们不是孤立的岛屿。为了让生活充满生机，我们彼此依靠、支持、关联、回应、给予、取得、忏悔、谅解、伸手拥抱、付出信任……因为我们任何一个都不是完整、独立、自给自足的全能的最佳选手，让我们不要再扮演自以为是的角色。用不着我们扮演这种愚蠢的角色，生命已经够孤立的了。游戏到此结束，让我们沟通、联合起来吧。"可见，协作对于人类的重要性。在一个团队中，协作对于员工来讲也是一种责任，因为协作才能产生巨大的战斗力，使自己的团队在激烈的竞争中获胜。当员工只是想自己怎么做才能做好，才能负起责任的时候，不妨环顾一下左右，看看是不是可以得到别人的帮助或者可以去帮助别人，不妨思考一下找一个协作的伙伴，是不是会把任务完成得更好呢？

团队中要有具备不同才能的人，这本是团队建设的基本要求。但是如果团队因为没有明确的分工而无法合作，就无法完成企业的共同目标，那企业也终将面临难以发展的困境。

三个和尚在破寺庙里相遇。他们疑惑着"这寺庙为什么荒废了？"甲和尚说："必是和尚不虔，所以菩萨不保。""必是和尚不勤，所以庙破不修。"乙和尚说。"必是和尚不故，所以香客不多。"丙和尚说。三人争执不休，最后决定留下来各尽其能，看看谁能最后获得成功。于是，甲和尚礼佛念经，乙和尚整理庙务，丙和尚打坐讲经。渐渐地，寺庙果然香火旺盛，恢复了旧貌。"都因为我礼佛念经，所以菩萨显灵。"甲和尚说。"都因为我勤加管理，所以寺务周全。"乙和尚说。"都因为我劝世奔走，所以香客众多。"丙和尚说。三人争执不休，于是大家都不再尽心尽责，寺庙里的盛况又逐渐消失了。各奔东西那天，他们总算得出了一致的结论：这里寺庙的荒废，既非和尚不虔，也不是和尚不勤，更非和尚不故，而是和尚不睦。团队协作才能取得胜利，才会成就事业。

纪律是团队战斗力的保证

《孙子兵法》中对将领的要求是:"智、信、仁、勇、严",即统率军队的将领要有智谋,才能足以服众;要言而有信,要言必信,行必果;要爱护士兵,绝不让士兵做无谓的牺牲;要勇敢,敢于承担责任,无所恐惧;要有严格的组织纪律,并且赏罚严明。这样才能训练出一支能打硬仗的铁军。其中,严是一个必备的要素之一,而所谓的严,就是要有纪律,而纪律是与制度联系在一起的。制度是什么?经济学家诺斯认为,制度是一个社会的游戏规则,或者更规范地说,制度是构建人类相互行为的人为设定的约束。毛泽东早就说过一句经典的话:"加强纪律性,革命无不胜。"把这句话换成今天的说法,那就是:"加强纪律性,团队无不胜。"纪律是一个团队中最重要的东西。《第五项修炼》中引用了美国管理学大师柯林斯的话:纪律,是世界上最重要的东西,没有纪律,就没有品质;没有品质,就没有进步。团队要做大做强,铁的纪律是必需的。

《史记·孙子列传》记载:孙武带着《孙子兵法》去见吴王。吴王看完兵法后说:"你的兵法十三篇,我已经全看完了。你可以小试一下如何统率军队吗?"孙子说可以。吴王又故意刁难他说:"可以用女子试练吗?"在得到了孙子肯定的回答后,吴王就命令宫中美女出列,组织了180人,每人持着兵器,分成两队,以吴王两个宠爱的姬妾担任队长,让孙武训练。孙武将列队训练要领和要求讲得清清楚楚,陈列了象征着权威和行刑用的工具,以示整肃和威严，并再三申令和告诫。但这些宫中美女从未受过军事训练，更未见过这种情况，所以，当孙武正式喊令时，这些宫女却禁不住笑作一团，根本不听从他的命令。针对这种情况，孙武严肃地说："约束不明，申令不熟，是将领的过错。"于是，并再次申令和告诫，然后发出训练命令。可是，这些宫女依然大笑如故，无人执行命令。这次孙武严厉地说："约束不明，申令不熟，是将领的过错。可既然已经明确命令和要求而得不到执行，就是军吏的过错了。"说完后，下令将两队的队长斩首。在台上观看演练的吴王看到自己心爱的两个妃子要被斩首，非常震惊，连忙派人告诉孙武说："我已经知道将军能用兵了，请不要斩首这两个队长。我失去这两个爱姬，就会食不甘味。希望不要斩首。"孙武回答使者说："我既已接受任命为将领，那么，将在外，君命有所不受。"于是，下达了对两个队长的斩首令。随即孙武又选出了两名队长继续训练。这一次，受训的宫女不敢发笑，也不敢作声，完全按照命令行事，前后左右以及跪下、复起等队列训练，皆符合规矩。她们步调整齐，动作统一，已然成了训练有素的士兵。随后，孙武派人向吴王汇报说："宫女们已经训练成兵，大王可以亲自考察。如果大王派她们去作战，就是让她们赴汤蹈火，也在所不辞。"

孙武训练宫女取得成功的重要原因就是，制度明确且对违反制度的人严惩不贷。如果孙武在训练中畏惧吴王的权威，不敢斩杀两个担任队长的吴王宠妃，训练结果可想而知。团队领导有时也会遇到孙武这样的难题。一些制度制定出来后，那些因此而利益受到损害的人，往往会拒绝执行。如果这些不执行制度的人得不到惩罚，那么，所制定的制度就会变成一纸空文，成为贴在墙上的空洞的口号，而不能约束人们的行为。结果，团队就会成为一盘散沙。所以，既然制定了制度，就要坚决地、严格地执行，绝不能纵容超越于制度之上或游离于制度之外的人。各种规章制度是团队成员的行为准则。要使各项规章制度严格地、彻底地执行下去，还有一个更为重要的问题要有效解决，那就是领导一定要以身作则。

希丁克在执教韩国队时，就以严守规则著称。遵守制度和规则是希丁克非常看重的成功原则。希丁克的领导风格是：不只用语言，还要用行动让团队成员接受规则。在工作上，他会定出最低限度的规则，要求队员严格遵守。其余的就任凭自律。成为韩国队主教练之后，希丁克定下的第一套规则是：

（1）所有球员要同时进入食堂，同时结束进餐；

（2）不论在何处，球员必须穿着统一颜色的服装；

（3）进餐或处理公务时，手机响了也不能接。

希丁克要求自己和球员都把这些规则当成金科玉律。

进餐时，即使有来自荷兰老家的电话，希丁克也会毫不犹豫地拒绝："进餐时间，不接电话！"他说："我能走上这个位置，是因为我能严守规则！"

如果领导偏离规则一米，团队就可能偏离规则10公里。只有钢铁般的纪律，才能打造出钢铁般的团队；也只有领导严格遵守规则了，队员才能严守规则。作为团队行为准则的制度，要想得以推行，必须要先得到员工的认可。所以好的制度应具备以下三个条件：

一是合理，即切合实际。制度管理并不是越多、越严、越细就越好，"要么什么都管，要么什么都不管"是制度管理的重大误区。

二是公正，这是制度的生命所系，它要求全体成员共同遵守，排除歧视性和随意性。

三是稳定，制度在深思熟虑，经过有效程序确定后，要保持其连续性和稳定性，不能朝令夕改，随心所欲。

因此，要在一个组织中形成一种团队精神，必须要有相应的制度约束。同时，团队精神也必定会对成员遵守制度起到引导作用。一个制度起不到约束作用的组织，就不可能有团队精神，也就不可能形成高效合作的团队。根据团队建设的需要，根据团队精神的指导，设计一种有利于团队合作的制度，是领导的一项重要职责。

顾全大局，强者本色

在一次对广大员工的问卷调查中，当问及他们喜欢什么样的领导时，大约60%的人回答"富有责任感的领导"。为什么如此多的员工都倾向于在富有责任感的领导手下工作呢？原因很简单，他们办事从不推卸责任，值得员工信赖。身为领导，要勇于承担责任，要敢于说"这是我的错""这是我的责任"。不要经常讲"我以为……""没想到……"之类推脱的语言。在任何企业中，都不同程度地存在着这样两种领导人：第一种，努力表现；第二种，努力找借口为自己辩解。

深圳某集团公司董事长说："我警告我们企业的领导们，如果有谁说'那不是我的错，而是他的责任'之类的话被我听到，我就立刻把他开除。这种人显然对我们企业没有足够的专注与忠诚。就好比你站在那儿，眼睁睁地看着一个醉鬼坐进车子里开车。也许你有权决定你的行动和语言，但是我不容许这种事情发生在企业内部。在这里，只要是关系到企业的直接利益，任何一个领导都要毫不犹豫地加以保护，这样的领导才是肯负责的，也是我需要的人。"

美国前总统杜鲁门曾经在他的门上写道："问题到这里结束。"美国前教育部部长威廉·贝内特曾说："工作是我们用生命去做的事。"确实，工作是人生的重要组成部分。我们怎能去懈怠它、轻视它、践踏它呢？我们应该怀着感激和敬畏的心情，尽自己的最大努力，把工作做到完美，这也是在给我们的人生一个交代。只要你还在工作，你就没有理由不认真对待工作。当我们在工作中遇到困难时，当我们试图以种种借口来为自己开脱时，让这句话来唤醒你沉睡的意识吧："记住，这是你的工作。"其实，我认为，"这是你的工作"意味着这是你的责任，不能忽视的是这里隐含着无形的誓言。既然是誓言，就要坚定地、认真地去做，直到做好为止。

中国改革开放40年了，在这40年里，我们有很多城市的硬件设施已不逊于那些国际著名城市。我的一位来国内投资的巴黎朋友经常很感慨地讲起我们的上海、北京一点都不比巴黎差。他说今年巴黎也像上海、北京一样建设新城区，言辞间透露巴黎好像还不如我们的北京、上海漂亮。可我们的软件、我们的公民意识、我们的工作质量着实让他不敢恭维。他在内地投资的房地产生意因为我们的工作效率和工作作风问题使他失去了极佳的市场机会，又因为开发商的失信致使他打了一年的官司。他经常被内地的投资环境搞得丈二和尚——摸不到头脑。有些朋友建议他要学会"懂事"。他经常搞不懂为什么？政府的职责就是为投资商保驾护航、扫清障碍、提供服务的，为什么还要我学会"懂事"？生意失败让他心灰意冷。有朋友介绍给他其他的投资项目，他都拒绝了，声称不敢在中国投资。就是由于国人的不负责任，没有诚信意识，大大挫伤了投资者的信心。而政府经常鼓励招商引资，但好不容易引进的资金却又被他们自己赶跑了。

从汪中求先生的《细节决定成败》中看到这样一份资料：《经济管理》杂志社原社长赵英先生去日本做访问学者时，他与一位日本研究人员出差后回到东京上野车站，一看表，才四点钟，距离单位下班时间还有两个小时。于是这位研究人员又回到单位上班去了，而乘车到单位去还需要坐半个小时的电车。可以比一比，我们哪家企业的工作人员能够做到这一点。这就是我们与别人的差距。经济上落后一些，其实并不可怕，可怕的是我们的领导者、我们的员工与人家在敬业精神、责任心等方面的软件差距。

海尔集团董事局主席、首席执行官张瑞敏在谈到这点时有一个经典的说法：如果让一个日本员工每天擦六遍桌子，他们一定会一丝不苟地每天擦六遍，而我们中国的员工第一天会擦六遍，第二天也会擦六遍，可是第三天就会擦五遍，第四天可能只擦四遍……这就是为什么我们的企业引进许多一流的设备，而产品质量却达不到原装水平的原因；这就是为什么我们很多工业品产量能达到世界第一，而我们的出售价格却只有人家的十几分之一，甚至几十分之一的原因；这就是为什么中国产品在欧美市场价格上不去的原因。世界上很少有报酬丰厚却不需要承担任何责任的便宜事。想要一时不负责任当然有可能，但要免除世间所有责任可得付出巨大的代价。当责任从前门进来，你却自后门溜走，你失去的可是伴随责任而来的机会。对大部分的职位而言，报酬和所承担的责任有直接的关系。

老子说："受国之诟，是谓社稷主；受国不祥，是为天下王。"这句话的意思是说：能够承当国家的屈辱，才能叫作国家的君主；能够承担国家的灾难，才能配做天下的君王。主动要求承担更多的责任或自动承担责任是成功者必备的素质。大多数情况下，即使你没有被正式告知要对某事负责，你也应该努力做好它。如果你能表现出胜任某种工作，那么责任和报酬就会接踵而至。

作为领导，必须在团队里充分发挥每个人的敬业精神。因为，一个对工作有热忱的人，无论是在清扫马路，或是在大企业里工作，都会认为自己的工作是神圣的。即使他遇到困难，也会毫不退缩、绝不逃避，更不用说推卸责任了。富有责任感就是要勇于承担责任，不以任何方式推卸责任。如果团队中每一个人每天都能老老实实、诚诚恳恳地尽一己之天职，那么许多人的成就累积起来，便极为可观了。众人的努力，就像千万条小河可以汇成一片汪洋大海一样，能在世界上汇成一种无比强大的力量了。而一个企业要想成功，靠的正是这种力量。

信任与沟通

我们先来看一看这则"选择哪扇门"的故事。

在一个古老的王国里，美丽的公主爱上了英俊善良的青年侍卫。国王发现了他们之间的恋情，暴怒之下将青年关进了监狱，并让他面对观众在竞技场里的两扇门之间做出选择：一扇门里是一头凶猛饥饿的狮子，打开后青年会被吃掉；另一扇门里是年轻美丽的少女，打开后整个王国将会为青年与少女举办盛大的婚礼。

在抉择的头天晚上，公主偷偷去监狱探望了青年。青年并不知道哪扇门后面是狮子，哪扇门后面是少女，而公主也只有到了竞技场才能探知到底细。当青年被带到竞技场时，他看到看台上的公主用眼神示意了其中的一道门，公主的眼神虽然矛盾复杂，然而却充满了爱意。那么，青年要选择走向哪扇门呢？

信任能否产生有效沟通？这是一个有关信任与沟通的问题。这里的关键是，他们是相互信任的，然而在信任的基础上能否进行有效的沟通呢？另外，他们之间也许会有沟通，然而，在此特殊环境下，他们之间能否还会相互信任呢？如果他们共同选择爱情，以死来抗争，公主会示意藏着狮子的那扇门，青年会毫不迟疑地去打开，葬身狮腹。公主也会以身殉情，以悲剧成就世上一段伟大的爱情。

如果他们共同选择生存，公主会示意藏着少女的那扇门，青年也会极不情愿地去打开，与少女结婚。而公主只能看着心爱的人与别人结合，从而演绎出一幕生离死别的爱情悲剧。

上述两种情况是二人相互信任、沟通有效而达成的结果。然而，如果公主希望青年活下来，而青年选择以死抗争时，那么结果会大不相同。他们也会陷入两难的境地。

然而，在团队中，什么会妨碍沟通呢？通常的观点认为，权力妨碍信任，彼此间的不信任会阻碍沟通。在团队工作中，领导们也经常陷入这样两难的境地。由于没有人完全信任领导，因而无法保证有效沟通，导致领导不能及时发现问题并及时找到解决问题的办法。可是，上帝的权力不可谓不大，他甚至主持末日审判，可丝毫不影响教徒的信任。关键是教徒知道，上帝会公正地使用权力。因而，不是权力会妨碍信任，而是权力的行使不当会妨碍信任。基于此，团队领导要取得员工的信任，不仅要完善权力自身，更重要的是要建立有效的机制，保证领导的权力不被误用或滥用。因此，当信任缺乏有效的体制保障时，领导就不能使部属达到完全信任，所以在此信任的基础上不可能产生真正的有效沟通。要达到完全信任，必须有体制保障。那么，是否只要是完全信任就能够真正达成有效沟通呢？青年与公主的故事给出了否定的回答。故事告诉我们，当双方选择相同、目标一致时，信任与沟通是保持一致的；而当双方选择不一致时，信任并不一定能导致有效沟通，并且沟通的结果反而可能招致不信任的产生。当然，没有信任，根本就无法建立有效沟通。

所以，要想在信任基础上建立良好沟通，就要在双方目标或利益取向一致时，随着沟通的增加、双方信任程度上升。而信任的结果，使双方能够产生有效沟通。但当目标或取向不一致时，通过前面的分析，双方实际上根本无法产生有效的沟通与信任。因而，领导必须要让员工与团队的目标或利益取向保持一致，最重要的是在团队内部建立有效的机制保障。而有效沟通同时也会不断修正团队与员工间的目标或利益取向偏差，让成员充分理解并适应机制。沟通是一门科学。所以，在团队里有效沟通并不会仅仅因为信任而产生，它必须通过建立有效机制来解决。所以，沟通不仅是一种艺术，更是一门科学。我国企业有意识地强调沟通的重要性，是最近几年的事。而近半个世纪来，以美国为首的欧美学术圈，却持续将沟通视为一门重要的学科来进行严肃的探究。目前，美国已有近300所大学设置了"沟通系"。众多知名商管学院颁授沟通研究的硕士或博士学位，并视"沟通"为MBA训练的核心课程。

在沟通方面，我们有着太大的差距，我们迫切需要沟通。最重要的是对一个组织而言，沟通无处不在，无处不需。组织中的沟通可以概括为两个方面：组织与外部环境的沟通；组织内部的沟通。沟通的价值有时直接影响效益。我的一个朋友就曾亲身经历过三件事。

因使用条件发生变化，一个用户在12月份委托他们对空调工程进行改造。在签好合同及用户付完款后，他们完全没有考虑后续会有什么困扰。直到圣诞节期间，改造空调所需的进口阀门不能按正常供货期到货，他们才意识到了自己的疏忽。幸亏，他们在第一时间如实将情况告知了用户，并获得了用户的理解，从而避免了一场经济诉讼。

另外一件事情则恰恰相反。今年五一长假期间，他们急用户之所急，为赶工期就自行选购了性能更好的产品，来替代用户未按期采购到位的产品。长假过后用户发现，认为这样做没有事先沟通，对用户不够尊重，非常强硬地要求他们进行更换，公司因此承担了损失。事后用户说："我们理解你们这么做的目的，但不能接受这种方式。"

还有一件事情是有关团队内部沟通的。他们在推行绩效考核时，选择了几个岗位试行。由于事先没有公开说明，导致其他员工产生了一个看法：被选择的试用者会加薪。结果，许多没有被选择试用的人就纷纷找到自己的主管，表明自己对加薪的看法，还有部分人员产生了情绪波动。结果，为了给员工解释这件事，给管理者带来了很大的工作量。如果在试行之前花一些时间，选择有效形式与所有人员进行沟通，效果就会好很多，还会省去很多不必要的麻烦。

还有两点对于沟通也很重要：一是沟通必须是平等的，职位高者不能采取居高临下的态度；二是沟通的目的并不一定要改变对方的观点，而是重在相互交流观点。所以，信任是团队沟通的保证。

第八章

执行命令，做到彻底

对于军人来说，执行命令是天职，可是要做一名优秀的军人，就需要执行彻底，这样才有利于我们任务的完成。亦即俗语所说的"好人做到底，送佛送到西"。如果你有执行的信念，却缺乏坚持到底的精神，那么你离成功永远只差那么一步。但是如果你像海豹突击队那样既有执行的信念，又有坚持到底的精神，那么你往往会事半功倍。

执行命令，做到彻底

1985年10月7日，一次恐怖事件使鲜为人知的第6"海豹"小队再次在公众面前亮相。那天早上，意大利豪华客轮"阿基利月桂号"驶入埃及亚历山大港。"阿基利月桂号"排水量为23629吨，可载乘客1000多名。客轮刚靠近码头，大多数乘客就兴高采烈地涌上岸去观光游览。等到所有上岸乘客都离船后，4名巴勒斯坦解放阵线组织成员悄悄地离开"阿基利月桂号"客轮的第82号客舱，向剩余旅客聚集的主餐厅走去。

他们手持AK-47步枪、手枪和手榴弹，一边开枪一边冲进主餐厅。在他们停止射击以前，已经有两人受伤倒地。接着，他们把320名船员和80名乘客按国籍分开，把美国人和英国人赶到甲板上，用油桶圈起来，并威胁说要点燃那些油桶，两名巴解组织成员冲进驾驶台，将船长杰拉尔多·德罗萨挟持，命令他把客轮开往叙利亚的塔尔图斯港。事发后，美国政府对劫持客轮事件立即做出反应，里根总统马上派遣"德尔塔"部队和第6"海豹"小队前往西西里岛的美国军事基地，为解救人质做好一切准备。基于反恐活动而组织起来的第6"海豹"小队被用作主要行动部队。意大利政府也对劫持事件做出了反应，把精锐部队"水下袭击营"和"特种干预小组"派往塞浦路斯的英国军事基地，做好一切准备，静观事态发展。"水下袭击营"是意大利的战斗蛙人突击队，类似于美国海军的"海豹"小队，其历史可以追溯到第一次世界大战。"特种干预小组"是一支经过特种作战训练的准军事警察部队，主要用于反恐怖行功，由于经常和"海豹"小队进行交叉训练，美国军事机构对这两支部队非常熟悉。"阿基利月桂号"被迫向叙利亚开进，巴解组织成员此时同以色列政府进行了谈判，要求以色列政府释放被关押的50名巴勒斯坦人。与此同时，叙利亚政府同意大利和美国政府的代表进行了紧急磋商，随后就拒绝让"阿基利月桂号"客轮进入塔尔图斯港。当以色列政府拒绝接受巴解组织成员的要求时，他们就开始枪杀美国人质。

利昂·克林霍弗是一位69岁的退休犹太商人，两次中风使他落下半身不遂的毛病，只能坐轮椅，由他的妻子伴随旅行，两名巴解组织成员把克林霍弗带离那群美国乘客，推到旁边，对着他的脑袋和胸膛开了两枪，克林霍弗顿时毙命。巴解组织成员又迫使两名船员把克林霍弗的尸体和轮椅抛下海去。接着，他们命令把船开往埃及的塞德港。几天之后，利昂·克林霍弗的尸体被冲到叙利亚海滩。有关部门通过尸检确定了克林霍弗的被害时间和被害方式。

意大利政府批准请求美国"海豹"小队给予帮助的计划。认识到美国人攻击海上船只的战术和方法，意大利部队同意在"海豹"小队实施突击时，他们作为备用力量。制服劫持者后，"海豹"小队就静悄悄地离开那个地区，而让意大利人获得荣誉，自己则做了无名英雄。这次行动中，美国派出当时世界上最先进的监视飞机，在被劫客轮的四方飞行，一路监视船上事态的发展。那些飞机收集到的情报至今仍然保密。星期三早上，"阿基利月桂号"客轮抵达埃及的塞德港，并停泊在港内。第6"海豹"小队登上"硫黄岛号"两栖突击舰，在离塞德港不远处停泊，并一直等到天黑。他们计划趁天黑乘小艇接近"阿基利月桂号"。当然，小艇的发动机被队员进行了静音处理。"海豹"队员将用自己的绝密方法登上"阿基利月桂号"，经过几个小时激烈的斗智斗勇之后，"海豹"小队终于控制了这艘客轮。随后，"海豹"小队悄悄地下船离开，而让意大利部队登船控制"阿基利月桂号"。事后，巴勒斯坦解放组织主席亚西尔·阿拉法特作为关注此事的第三方，派出两名特使帮助和平解决"阿基利月桂号"上发生的事情，其中一人是巴勒斯坦解放组织的高级官员和巴勒斯坦解放阵线的领袖阿布·阿巴斯，就是他手下的人劫持了"阿基利月桂号"客轮。

星期三上午，两名特使和意大利、西德派出的大使带着埃及总统胡斯尼·穆巴拉克提供的保证，登上"阿基利月桂号"。穆巴拉克说，如果他们毫无伤害地释放乘客和客轮，他将保证让他们安全地离开埃及，并负责解决他们去往所选国家的交通工具问题。后来证实埃及政府决定向劫持者提供安全通道时，并不知道利昂·克林霍弗已经被杀害。可能是遵照上司的指示，巴解组织成员接受了埃及的条件。16点30分，他们离开了"阿基利月桂号"客轮。据埃及人说，巴解组织成员一上码头，就立刻离开埃及，去了一个不为人知的地方，劫持事件和人质危机一结束，位于那个地区的意大利和美国特种作战部队就降低了战备等级，过了几个小时后就纷纷打道回府了。星期三晚上，美国驻埃及大使尼古拉斯·伯恩斯到"阿基利月桂号"上去看望被劫持为人质的美国公民，当他得知利昂·克林霍弗被杀害后，气得暴跳如雷，马上用船上的无线电与开罗的美国大使馆联系，他命令美国大使："你告诉埃及外交部，我们要求他们严惩那些杂种。"然而，把那些巴解分子抓起来，似乎已经太迟，因为埃及政府坚持说他们已经离开了埃及。星期三深夜，美国情报局接到隐藏在穆巴拉克政府内部的眼线传来的可靠情报说，劫持客轮的巴解分子还没有离开埃及，但准备第二天飞往突尼斯的巴勒斯坦解放组织总部。

美国国家安全委员会负责反恐怖的是奥利弗·诺恩中校。他得知巴解分子的所在地之后，就建议把他们捉拿归案。里根总统批准了诺恩提出的行动，捉拿劫持者的行动就此拉开了序幕。

10月10日上午，一架埃及波音737飞机从开罗外面的马扎空军基地起飞。

飞机上有4名客轮劫持者、巴勒斯坦解放组织特使和埃及部队精锐"777部队"的4名成员。收到这份情报后，美国马上将捉拿劫持者的计划付诸实施。"雄猫"战斗机马上从游荡在爱琴海的美国"萨拉托加号"航母上起飞，在克里特南面建立起检查点。"鹰眼"预警飞机则在克里特上空跟踪监视埃及那架波音737，那架波音737原计划飞往突尼斯，但突尼斯机场不让它降落。无奈之下，它只好朝雅典飞去。这时，"雄猫"战斗机开始采取行动。4架战斗机把波音737团团围住，命令它飞去西甲岛的西格内拉北约空军基地。波音737试图同埃及取得联系，但美军电子战斗机对其实行了强力干扰，它根本无法同任何人取得联系。在得不到任何帮助的情况下，那架波音737只好跟着美国的战斗机飞往西格内拉。头一天晚上，第6"海豹"小队已开始准备返回美国，但是又突然接到命令说另有任务。接着，他们马上飞往意大利，准备擒获即将到来的巴解分子。由于需要绝对保密，美国政府在那架波音737进入意大利领空之前没有预先通知意大利政府。西格内拉机场的空中交通控制员拒绝让波音737着陆，但飞行员绝望地说，油料即将耗尽，不让着陆就会机毁人亡。在这种情况下，波音737才被允许着陆。波音737刚一停稳，第6"海豹"小队就蜂拥而上，把它围了个严严实实。机场的意大利军事警察部队"特种干预小队"，又立即把"海豹"小队围了个水泄不通：意大利"特种干预小队"要求把巴解分子交给他们处理，但"海豹"小队不同意。形势刹那间变得紧张起来，两支武装部队剑拔弩张，好像马上就要机枪火拼。在劫持客轮事件刚发生时，美国国务院就从反恐怖办公室派了一名官员到罗马同意大利人联系。当巴解分子乘坐的飞机降落时，这名国务院官员已在西格内拉机场，并且正在监听"海豹"队员之间的无线电通信。事后他说："当时的形势危险极了，有一次，我听见'海豹'小队指挥官在讨论是否应该命令士兵向意大利军事警察开枪。要是当时'海豹'小队同'特种干预小队'打起来，那就糟糕透了。"当美国国务卿乔治得到意大利政府将以谋杀罪起诉巴解分子的保证时,他命令第6"海豹"小队把逮捕的机上人员全部交给意大利"特种干预小队",这才结束了当时的对峙僵局,避免了流血事件的发生。

意大利军事警察接管波音737上人员后,将埃及突击队员护送回国。然而,"海豹"队员对处理结果大为不满,被埃及人欺负后,他们不再完全相信任何人。"海豹"小队指挥官不想让被捕的巴解成员离开他的视线,认为一旦离开他的视线,意大利人就可能把他们放了。意大利人刚把巴解成员带走,那名指挥官就带领一个"海豹"小组,乘一架美军小型飞机,暗中跟随运送巴解成员的飞机来到罗马,"海豹"队员向机场谎称,飞机的发动机出了毛病,要求降落。得到允许后,他们降落在罗马机场,把飞机停在搭载巴解分子的那架飞机后面。

意大利人释放了巴解成员中的阿布·阿巴斯,因为他持有伊拉克护照,但把其他劫持客轮的巴解分子囚禁起来,并以谋杀罪对其进行了审判。美军战斗机拦截波音737飞机使埃及政府愤怒万分,而在意大利领土上采取军事行动也使美意关系十分紧张。尽管如此,美国人认为这次行动非常成功,但几乎没有人知道它的成功在多大程度上是取决于第6"海豹"小队的行动和决心。

战略是企业成长的最主要动力之一,企业无论大小,都需要制定一个目标明确、有持久竞争优势的战略。战略定义了一个企业的发展方向,并为此做好了充分的准备,但是许多战略最终却以失败告终,这主要是因为许多企业在重视战略的同时却忽视了执行力。战略虽然好,但如果得不到有力的执行,同样是无法达到预期目标的。所以,只有坚定地执行战略,将其付诸实践,才能取得最终的成功。

百事可乐公司创建于1898年,是世界上最成功的消费品公司之一。时至今日,百事可乐也已成为让消费者熟悉、关注并热衷的品牌。它在市场上取得的这些令人瞩目的业绩,不仅依赖于其品牌运作与传播策略的系统性、规范性和有效性，最主要的还是取决于公司依靠执行力牢牢地掌控零售终端所产生的巨大成果。"销售执行"是百事公司的销售队伍所运用的一种系统培训教程。公司依靠一线员工强大的执行力确保产品生动化和销售努力的有效性，确保百事系列产品按照百事模式的生动化标准进行市场运作，从而加强巩固零售客户、促进产品销售强有力的发展。

百事公司之所以把销售人员的执行作用规定得如此明确，是因为它对销售有着自己独特的理解，并且确信这将是最终获得竞争优势的关键。它首先明确了哪些行为不属于销售，例如接受现有客户补充订货的行为不是销售。因为百事公司认为，通过补充存货来维持原来水平的业务量仅仅是一种为零售商提供的服务，并不能帮助销售业务代表提高业务量。而销售应该是通过开拓与发展同客户间的良性、商务关系，从而不断增加销售业绩的行为。

要知道，百事可乐经营的是一种满足人们日常需求的产品，因此销售的成败就成了它在竞争中制胜的关键。在与可口可乐长期的竞争中，百事可乐创造出了一套被称为"销售执行"的销售方式。公司并没有因为把目标放在制定竞争战略本身而忽视了最平常也是最为关键的销售细节，它把强大的执行力带到了公司的每一位销售业务代表身上，通过他们的共同努力为百事可乐创造出了广阔的市场。看了这样的案例，又有谁会再轻视与否认执行力的重要作用呢？如果把三星与索尼相比，你也许只能用"青出于蓝而胜于蓝"来形容它们。据英国调研报告显示，三星电子的品牌价值从2002年的83.1亿美元增长到2003年的108.5亿美元，增值31%，从世界排名第34位跃升至第25位，成为全球发展最快的明星企业。按照管理大师彼得·杜拉克的理论，三星电子的成功把孤注一掷的策略体现得淋漓尽致。彼得·杜拉克认为："'孤注一掷'的目标并不一定是立即建立一个大企业，虽然这是它的最终目标。但是开始时，三星的目标是占据永久性的领导地位。"而其"孤注一掷"的目标是"数字融合革命"。

回顾三星电子的发展历程，其最大的赌注莫过于发韧于1999年的那场"数字融合革命"。这个战略始于1999年，当时正值三星电子的30周年庆典活动，三星电子宣布了其在未来成为"数字融合革命的一个领导者"的计划。按照这个计划，公司开始了三星电子的"数码战略"，以实现三星领导数字集成革命的目标。在这个数字融合时代，消费电子、信息、电信产品、电视机以及在线和离线的世界都将融合在一起。三星之所以敢于提出这场孤注一掷的"数字融合革命"，不仅因为三星电子在消费电子、电信和半导体方面都处于领先地位，更重要的是公司以出色的经销执行力作为坚强的后盾。为了迎接这场革命，三星公司进行了超强度的结构改组。裁撤了那些不稳定的企业，裁掉了多余的员工。精简结构之后，公司的优势结合更加紧密，极大地强化了核心竞争力。随后，公司强大的经销执行力发挥了决定性作用。为了配合"数码高附加价值"的新定位和统一的品牌形象，三星设计出"自上而下"的市场行销策略，选择高档的欧洲和美国市场作为一级战场，建立新的三星数码形象，以一整套市场行销战略支撑起公司的整个品牌定位。当市场行销有了运筹全局的策略、掌握了整合的资源后，执行力的强弱成为一切战略能否有效贯彻的关键。为了让个体行销活动真正体现整个公司的品牌定位，三星为新雇员设计了长达近千页的电子课程，帮助员工了解市场行销的背景知识、公司的市场战略和品牌原则。

在内百家争鸣，对外一种声音

本田宗一郎被誉为"20世纪最杰出的管理者"。回顾他多年的管理经验，有一件事令他终身难忘。有一次，一位来自美国的技术骨干罗伯特找本田，当时本田正在自己的办公室休息。罗伯特特别高兴地把花费了一年心血设计出来的新车型拿给本田看："总经理，您看，这个车型太棒了，上市后绝对会受到消费者的青睐……"接着罗伯特看了看本田，话还没说完就收起了图纸。此时正在闭目养神的本田觉得不对劲，急忙抬起头说了一声"罗伯特"，可是罗伯特头也不回地走出了总经理办公室。

第二天，本田为了弄清昨天的事情，亲自邀请罗伯特喝茶。罗伯特见到本田后，第一句话就是："总经理阁下，我已经买了返回美国的机票，谢谢您这两年对我的关照。"

"啊？这是为什么？"本田奇怪地追问着。罗伯特看着本田的满脸真诚，便坦言地告诉他："我离开您的原因是由于您自始至终没有听我讲话。就在我拿出我的设计前，我提到这个车型的设计很棒，而且还提到车型上市后的前景。我是以它为荣的，但是您当时却没有任何反应。还低着头闭着眼睛休息，我于是就改变主意了。"后来，罗伯特拿着自己的设计到了福特汽车公司，受到了高层领导的关注，福特公司决定投产这个新型车。新车的上市给本田公司带来了不小的冲击。本田宗一郎通过这件事充分领悟到了"听"的重要性，同时，他也认识到如果不能自始至终倾听员工讲话的内容，就不能体会员工的心理感受，也就难免会失去一位技术骨干，乃至失去一个企业。确实，语言的含义并不在语言中，而是在说话者的心里。因此，有效倾听的意义，并不仅在于你是否在倾听对方要表达的内容，更重要的是它体现了你是否对表达者有着人格的尊重。

在员工说话的过程中，如果领导不能集中自己的注意力，真实地接收信息，主动地去理解对方，就会被员工认为是忽略、轻蔑、瞧不起、歧视、冷漠甚至残酷。一旦员工有了这样一些感受，就会使本来的"员工问题"变成了"问题员工"，就会像罗伯特一样炒老板的鱿鱼。

员工在说话或陈述意见时，希望领导能认真地倾听他们的讲话，希望能被领导所理解，希望他们的思想和见解得到尊重。因此，当员工陈述其观点时，作为领导切忌中途打断他们的话，避免使其产生防范心理。在倾听过程中，领导要及时给予反馈，因为没有信息反馈，员工就不知道自己的建议是否被理解，真实的信息反馈是形成上下级之间相互信任和充满信心的气氛的必要条件。

成功的领导，从来都会耐心地倾听来自下属的各方面的声音，并以此来与下属有效沟通，从而达到有效的管理。松下幸之助非常善于与员工沟通，尤其善于倾听员工的意见、建议，甚至是员工的牢骚。

松下幸之助经常问他的下属："说说看，你对这件事是怎么考虑的？""要是你做这项工作，你会怎么办？"一些年轻的管理人员开始还不怎么说，但当他们发现，松下非常尊重自己，认真地倾听自己的讲话，而且常常拿笔记下自己的建议时，他们就开始认真发表自己的见解了。

由于听的人既显示了对说话人的尊重，又不走形式，毫不马虎地专心倾听，回答的人就会十分认真地畅所欲言。这是一场比认真的竞赛，对下级管理人员迅速掌握经营的秘诀大有裨益。

此外，松下幸之助一有时间就要到工厂去转转，一方面便于发现问题，另一方面有利于听取一线工人的意见和建议，而他认为后一点更为重要。当工人向他反映意见时，他总是认真倾听。不管对方有多啰唆，也不管自己有多忙，他总是认真地倾听，不住地点头，不时地表示赞成和肯定。他总是说："不管谁的话，总有一两句是正确可取的。"

在松下的头脑里从没有"人微言轻"的观念，不管任何时候，他都认真倾听哪怕是最底层工作人员的正确意见。沟通最难的部分不在于如何把自己的意见、观点说出来，而在于如何听出别人的心声。也就是说，积极的倾听并不是简单的听，它不仅要用耳，更要用心。

有效的倾听有两个层次的功能。它既帮助接收者理解字面意思，也使其理解对方的情感和心灵。好的倾听者不仅能够听到对方说的内容，而且能够了解对方的感受和情绪。同时，有效倾听的领导还向对方发出了一个重要信号——他们关心员工。

如何改善团队中的沟通行为，一个至关重要的方面就是认真、积极地倾听。

执行难
还是沟通难

团队的最大特征就在于整体大于部分之和,即通过合作取得1+1＞2的效果,否则团队就没有存在的意义了。我认为,要取得整体大于部分之和的效果,取决于三个方面。

一是建立让团队成员各得其所的整体结构。

二是营造能够让个体最大限度地发挥自己优势的机制。

三是真正做到上下之间、成员之间无障碍的沟通。沟通是团队存在之必不可少的要素。

其实,沟通之于生命的意义不仅存在于人类,即使在动物世界里,沟通之于生存的意义亦不可小觑。在动物世界里,凡是种群都有自己一套独特的沟通机制,以确保分工和合作的完成,以及个体之间纽带的维持。这已成为群落生存方式的一部分。比如,在蚂蚁的世界里,平时每只蚂蚁都在忙碌各自的事情,但一旦一只蚂蚁发现一件有价值的物品,不长时间内一群蚂蚁就会纷纷赶来,一起完成把该物品运回家的工程。大雁在空中排开队列,头雁却是轮流担当。企鹅和它的伴侣在离别之前舞蹈,以身体的语言进行情感的交流和义务的承诺,以便在严寒的南极共同哺育下一代。每种动物都有着其独特的沟通机制,沟通已成为动物不可或缺的生存要素。

动物世界尚且如此,人类所需要的分工、合作和情感交流,以及所需要完成的价值增加和交换就更多、更复杂了。几乎我们每个人需求的满足,无论是利益和机会的获取、情感的交流、他人的认同或是影响力的发挥，都需要通过沟通来完成。沟通能力已成为我们生存的核心能力，成为影响力的决定因素，成为人际关系的基础。可以这样说，沟通是个人发展、团队生存的基本条件。

一个团队如果沟通不畅，肯定不能发挥其应有的威力和整体效果。

在2006年世界杯的赛场上，巴西队虽然三战全胜小组出线，但团队内部仍然存在沟通不畅的问题。这些问题最终在与法国队的1/4比赛中表现出来。由于主教练与队员之间、队员与队员之间没有进行及时、有效的沟通，团队成员之间无法了解彼此的意图和想法，大家就没有办法达成共识，协调一致，从而发挥出团队的整体优势，结果导致了比赛的失利，使巴西队无缘大力神杯。

然而，希丁克带领的韩国队之所以能取得空前的好成绩，就是由于他打破了韩国队年轻队员不敢和长辈辩解、遇到问题也不敢越级沟通的规矩，创造了一种年轻队员与老队员之间、队员与教练之间能够顺畅沟通的环境和气氛。

上任前期，希丁克发现韩国队球员速度快，组织力不错，训练也积极认真，态度诚实，然而，最大的问题就是缺乏沟通，队员无论做什么事情都按年龄排出序列，相互之间不习惯主动沟通，甚至人与人之间有长幼级别的沟通障碍。希丁克回忆道："有一天早上训练结束后，我看他们按年龄顺序分坐了三个桌子，年龄小的球员和年长的球员之间不说一句话；拿饭菜时，也按年龄顺序排队，一直到吃完饭，互相没说过一句话！"希丁克认为，像这样没有一点沟通的球员，是不能在一个队参加比赛的！这种"年龄排序法"，在比赛场上也同样如此，球员在比赛场上几乎没有什么沟通。他们从不在场上交流"往哪儿传球""盯住对手的哪个人""谁负责哪个位置"……

希丁克认为长幼秩序是影响沟通、发挥团队威力的绊脚石。为了解决队员间沟通不足的状况，希丁克提出了一系列要求：不许球员间再使用"大哥"

这样的称呼，也不许使用任何尊称；年轻球员不论在战术训练还是在比赛中，都要经常交流，和前辈说话；吃饭时，要前后辈穿插坐在一起，随意地交谈；按摩时也不要前辈先做按摩，而是谁先到房间谁先做按摩；安排宿舍时他故意把前后辈球员安排在一个房间，让他们互相了解。在训练比赛中，希丁克经常会故意错判比分，如果此时球员没有任何反抗地接受，他就会大喊："明明我判错了，你们为什么不反对？""我让你这么跑，你为什么不问一下，为什么要这样跑？"比赛中，如果球员半句话不说，只是奔跑，他就会发火。通过一段时间的"沟通训练"，希丁克顺利地把球员与球员之间，球员和教练之间自上而下的"垂直式沟通""金字塔式沟通"，灵活转化为双向的"水平式沟通""矩阵式沟通"。

当顺畅的双向沟通成为一种习惯后，训练场上的气氛马上活跃了起来，韩国队的成绩也取得了大幅度的提高，并于2002年世界杯赛上取得了进入四强的好成绩。希丁克的成功，得益于团队沟通方式的改变，得益于沟通带来的融合、了解、协作、自信和鼓励。

其实，任何团队的领导者大部分时间都是在进行沟通。著名战略管理大师亨利·明庆伯格认为："团队中的管理人员几乎每一分钟都用来沟通，不是说，就是写，或者听，或者阅读。领导者最重要的管理职能就是使组织的人力资源发挥最大的效能。为此，他们需要不断激励下属，调动他们的潜能。同时，通过不断培养和指导，使下属获得新的能力。这个使人力资源增值的职责履行，就是通过沟通来完成的。因此，沟通能力及相应的技巧成为领导者个人和其团队成功的关键。"

执行不代表一味服从

在追求真理的过程中，一定要克服盲目服从的弱点，否则很难避免犯错，甚至会给自己和国家造成损失，追悔莫及。

有一次，唐太宗对魏征说："我是当今的皇帝，一国之主，你怎么有时候连我的话也不听呢？即使是我的话说错了，你也要去办，等我明白过来再纠正也不迟啊。"魏征说："皇上想过没有，我身为宰相，如果您说错了的我也要照着去做，那么我手下的人呢？也要照着我错了的意见去做，还有下面的各级各层的官吏呢？都会将错就错地去办事。陛下想过没有，那样全国会是什么样子？圣人说，盲目服从，错事满盈，这是很深刻的道理啊。"

1517年10月，罗马教皇利奥十世为修缮圣彼得大教堂，大肆出售赎罪符，骗取人民的财产。兜售赎罪符的修士像江湖骗子一样胡言：只要买赎罪符的钱一敲响钱箱，人们的罪恶瞬间便化为乌有，灵魂顿时就会比刚出生时还要纯洁。最后他们高喊："买吧，买吧，天堂的门已经开啦。"由于当时欧洲的大部分老百姓都是虔诚的基督徒，因此，他们都信以为真，无论多么贫穷困苦，他们都省吃俭用，纷纷购买赎罪符，以求得来生进入天堂。

但马丁·路德对此产生了怀疑。他清楚地看到这是虚伪的说教，只是为了骗取人们的钱财。经过一番思考，他终于在1517年10月31日晚上，在威丁堡教堂正门前公布了他起草的九十五条论纲，名为《关于赎罪符效能的辩论》。他说，只要个人对上帝虔诚信仰，灵魂就能升入天堂，根本不需要购买赎罪符。

论纲被人们争相传抄，不胫而走，广为流传，马丁·路德也由此开始发动了一场波澜壮阔的宗教改革运动。

探求真理是认识活动的根本任务，遵循真理是实践成功的根本保证。对真理的追求决不能盲目服从，对于某些权威说的，甚至是大多数人认同的观点，自己也要冷静下来，用自己的大脑进行分析判断，决不能人云亦云，无条件地接受。

第一，"学贵有疑"。如果对前人的理论，或者是权威的判断和命令，只是顶礼膜拜，以为已经十全十美，不敢怀疑，不敢批判，就谈不上什么求真。因此，要坚决反对教条似的迷信，反对不经过大脑思考的盲目服从。

第二，要有理性的怀疑，这才符合求真精神。由于种种复杂的原因，一些人简单地认为"怀疑就是怀疑一切，批判就是否定一切"。无疑，这种观点是片面的、极端的，与马克思主义所倡导的求真精神是背道而驰的。有理性的怀疑要求我们，在怀疑之前，先分析其是否有根据，论据充不充分，有没有内在的逻辑矛盾。如果是主体的认识同客体的本质和规律相符合或相接近，那就符合真理的要求。反之，就要怀疑和批判，找出真正的真理。

第三，要有符合求真精神的道德责任感和良知。康德在《实践理性批判》中说过："人世间有两大东西值得人们敬畏，即天上的星辰和人间的道德律。"如果没有符合求真精神的道德责任感和良知，即使知道权威是错的，知道大家盲目服从会带来什么可怕的后果，为了明哲保身，就保持沉默，甚至还推波助澜。这样的学者和专家比盲目服从的老百姓更能带来损害和灾难。

职场中，每一个卓越的经理人，都清楚地知道盲目行事会给自己惹来多大的麻烦，甚至让一些努力和付出都付诸东流。那些接过工作就做的职场中人，往往会花费比原本多出40%甚至90%的时间来完成手头的工作。因此，他们总会在服从之前先思考，以便在最短的时间内顺利完成所有工作。

"世界发明大王"爱迪生，一生都秉承"拿到任务先思考"的工作原则。每次，他都会先思考"任务"的目的和实施步骤，再一步一步把手头的工作顺利完成。

爱迪生的助手——阿普顿，是一位出身名门的大学高才生，和当时的大多数上流社会的人一样，有着极深的门第观念，对家境贫寒、自学成才的爱迪生很是不以为然，对科研也是这样。

有一次，爱迪生想要教训他一下，便让他计算最新研发的几款灯泡的容积。阿普顿想都没想，一脸蔑笑地拿起标尺和笔就开始进行测量和计算。他原本认为这是一个极其简单的问题，然而，忙了整整一下午也都没有找到准确的测量方法和计算公式。傍晚时分，爱迪生回到实验室，看到阿普顿的一脸愁容和满地丢弃的稿纸，立即明白了是怎么一回事。爱迪生笑了笑，走上前，往玻璃灯泡里注满水，然后把灯泡里的水倒进量杯里。爱迪生拍了拍满脸羞愧的阿普顿，说道："接手任务后要先思考，切忌盲目地立即执行，花费比原本高出很多倍的时间和精力，最终还不能顺利完成。"

从此，阿普顿打心底对爱迪生充满了深深的敬意。

"盲从"的人都是思维懒惰、习惯依赖他人的人。他们遇到问题只是求助别人，却不懂得自己去解决。表面上看起来，这样做很忠实、很负责，但事实上，这却是最大的不忠实和不负责！

服从命令前先思考一番，既是对目标再一次认证，也是对任务开始着手的计划和决策。现实中，很多人领命就做的原因，在于按老板吩咐的去做就没错，即使有什么差池也是老板的决策失误，员工们往往会说"我是听老板的安排才做的！"可想而知，这样的人即使一时可以得到上司的认可，但是长期下来，也不会有好的前景！

当然，也有一些人觉察命令有误却没有提出，他们认为上司不会采纳，何必给自己找麻烦？这样的员工比起那些思维懒惰的员工看起来要"高明"一些。但是，如果一个人连指出上司错误的勇气都没有，又怎么可能得到上司的信任和好感呢？

其实，大多数成功的企业家，对于盲目服从的人都是"讨厌"的。因为这样的下属并不能为自己的团体创造价值；相反，很多时候，他们还会"投机取巧"地走旁门左道，成为自己企业中的"蛀虫"。而对于那些勇于提出意见和错误的员工，他们非但不会怪罪，还十分器重。因为有了这些员工的监督，他们可以最大程度地减少自己的错误！

独当一面，你办事，我放心

有一个经典故事经常被管理界引用，其来自IDM商业魔戒三部曲之《小沃森自传》，故事发生在小沃森刚刚接手IBM销售副总裁时。一天，一个中年人沮丧地来到他的办公室，提出辞职。因为他原来的导师柯克和小沃森是竞争对手，他确信小沃森主政后会把他挤垮。这个中年人就是曾任销售总经理的伯肯斯·托克，其才华横溢，但一度受挫。没有想到，小沃森笑着对他说："如果你有才华，就可以在我的领导下甚至在任何人的领导下展现出来，而不光是柯克！现在，如果你认为我不够公平，你可以辞职。但如果不是，你就应该留下来，因为这里有很多机会。"伯肯斯·托克最终留了下来，并在后来为公司立下了卓著功勋。事实证明，小沃森在柯克死后留下他是最正确的。小沃森不仅挽留了伯肯斯·托克，他还提拔了一批他并不喜欢但却有真才实学的人。这个故事体现的精髓，后来构成了IBM企业文化的一个重要营养来源。"吸引、激励、留住行业中的优秀人才"，这是IBM人力资源工作的宗旨。而IBM之所以能成功，就是由于公司领导拥有宽厚博大的胸怀。

我认为，在国内很多团队领导经常会陷入一个怪圈，认为只有用自己的人，用自己喜爱和喜爱自己的人才能把工作做好。殊不知，团队中的很多问题和隐患常常是由此产生。因为大家如此近距离的接触，出了问题抹不开面子，不好处理，由此埋下隐患。国内媒体经常曝光的豆腐渣工程等等一系列腐败案件就与此有直接的关系。团队领导最重要的是把工作做好，团队工作不是比谁得到的爱更多，不要求成为人见人爱、没有原则的滥好人。相反，用宽容之心使用看似不能相容的非凡之才，本身就可提升领导自身的形象，无形中还可形成彼此制约的监督机制，使团队向良性的方向发展。

1860年，林肯当选为美国总统。有一天，有位名叫巴恩的银行家到林肯的总统官邸拜访，正巧看见参议员萨蒙·蔡斯从林肯的办公室走出来。于是，巴恩对林肯说："如果您要组阁的话，万不要将此人选入您的内阁。"林肯奇怪地问："为什么？"巴恩说："因为他是一个自大成性的家伙，他总是认为他比您还要伟大。"林肯接着问他："哦，除了他以外，您还知道有谁认为他比我伟大吗？""不知道，"巴恩答道，"不过，您为什么要这样问呢？"林肯说："因为我想把他们全部选入我的内阁。"事实证明，巴恩的话是有道理的。蔡斯果然是个狂妄自大，而且妒忌心极重的家伙。他狂热地追求最高领导权，本想入主白宫，不料落败于林肯，只好退而求其次，想当国务卿，林肯却任命了西华德，无奈，蔡斯只好坐第三把交椅，当了林肯政府的财政部部长。为此，蔡斯一直怀恨在心，激愤不已。不过，这个家伙确实是个大能人，在财政预算与宏观调控方面很有一套。因此，林肯一直十分器重他，并通过各种手段尽量减少与他的冲突。后来，目睹过蔡斯的种种行为，并收集了很多资料的《纽约时报》主编亨利·雷蒙顿拜访林肯的时候，特地告诉他蔡斯正在狂热地上蹿下跳，谋求总统职位。林肯以他一贯以来特有的幽默对雷蒙顿说："亨利，你不是在农村长大的吗？那你一定知道什么是马蝇了。有一次，我和我兄弟在肯塔基老家的农场里耕地。我赶马，他扶犁。偏偏那匹马很偏，老是磨洋工。但是，有一段时间它却在地里跑得飞快，我们差点都跟不上它了。到了地头，我才发现，有一只很大的马蝇叮在它的身上，于是我把马蝇打落在地。我的兄弟问我为什么会打掉它，我告诉他，我不忍心让马被咬。我的兄弟说：'哎呀，就是因为有那家伙，这匹马才跑得那么快。'"然后，林肯意味深长地对雷蒙顿说:"现在正好有一只充满'总统欲'的马蝇叮着蔡斯先生,那么,只要它能使蔡斯那个部门不停地跑,我就不想打落它。"马群为何总是给人以充满活力的感觉?因为马蝇对它的叮咬时刻都不放松。在任何一个马群里,都可以发现这个充满哲理的现象:马蝇会不时地在马匹身上叮上一口。马被叮咬后,痛痒难忍,使用尾巴不停地驱赶马蝇。若拂之不去,就会发足狂奔,企图将其甩掉。结果被叮咬的马不仅没有血尽身亡,反而由于不断运动,生命力更加旺盛。某种程度上说,团队类似于马群。而那些个性鲜明,我行我素,同时又能力超强、充满质疑和变革精神的员工,就是团队中的"马蝇"。在一些团队中,他们被叫作"问题员工",或者"刺头",甚至上了"黑名单",因为他们难以管理。几乎每个团队都有这样的"刺头"。这种"刺头"实际上是团队的"非常之才",拥有一般人不可替代的特殊能力。

大家熟悉的《西游记》中的"齐天大圣"孙悟空,就是这种"非常之才"。唐僧要去西天取经,不可缺少孙悟空。团队要发展,更不可缺少非常之才。非常之才是员工中很特殊的一个群体。他们承担着很大的责任,发挥着很重要的作用,同时有着特殊的个性、心理、习惯、需求和欲望。无论是在团队还是在任何社会领域,非常之才往往桀骜不驯,这似乎是个通病。很多非常之才经常表现为恃才傲物,团队合作性不强,爱跟上司顶撞等。但另一方面,非常之才往往有过人的技能,有锐气,有不断的创意,而这又是团队极为重要的。正是因为有了这些特别之处,非常之才在团队里往往让领导者又爱又恨。爱的是他们的业绩突出,恨的是他们难以管束。这也是很多非常之才容易被人戏称为"刺头"的缘由。作为"刺头"的上司,更要具有一种开放的心态胸怀。团队中的"马蝇"会促使领导不断完善自己的团队,团队管理者最大的成就就是构建并统率一支由拥有各种不同的专业知识及特殊技能的成员组成、具有强大战斗力与强大协作精神的团队,不断挑战更高的工作目标。

为此，你要像林肯一样善于运用自己的智慧，利用马蝇效应，把一些很难管理，然而又是十分重要的员工团结在一起，充分发挥他们的作用，不断为团队创造更大的绩效。刘邦之所以成就帝业，也是因为他能容人且善于用人，用他自己的话说："夫运筹帷幄之中，决胜于千里之外，吾不如子房；镇国家，抚百姓，给饷馈，不绝粮道，吾不如萧何；连百万之众，战必胜，攻必取，吾不如韩信。三者皆人杰，吾能用之，此吾所以能取天下者也。"然而，在现实生活中，有的领导却对能力超过自己的人不能容纳，认为这些人会使自己相形见绌，从而影响自己的威信，对自己的权利和中心地位构成威胁。其实，影响领导威信的不是那些能人，而正是在于昏庸的领导有能人而不用。因为不用能人的领导不仅被人视为心胸狭隘，而且还被视为无能。对于领导构成威胁的不是有才能的人，而是没有或少有才能的人。

《墨子·尚贤》中说："国有贤良之士众，则国家之治厚。贤良之士寡，则国家之治薄。故大人之务，将在于众贤而已。"这个道理对于一个国家、一个组织、一个团队都至关重要。如果一个团队领导没有得力的下属，那么这个团队是不会兴旺发达的。据此，领导要想取得优异的绩效，就应该容纳人才，把有能力的人团结在自己的周围，形成合力，共铸成功。

第九章

敢于牺牲，忠诚至上的执行力

当然，并不是每个人都能成为成功人士，都能保证自己完美地实现自己的梦想和任务。要知道有成功就有失败，失败的方式有很多种，可能最后连自己的命都没有呢，但是我们不能因为怕死而不去执行，那么成功会离我们更加的遥远。

斯巴达三百勇士

希腊德摩比勒隘口（俗称温泉关）矗立着一座纪念碑，这尊狮子状纪念碑是用来纪念公元前480年的温泉关战役的。温泉关之战发生在马拉松战役之后第10年，波斯和希腊的又一次交锋。

波斯王大流士一世死了以后，他的儿子薛西斯登上王位。薛西斯为实现父亲的遗愿，发誓要踏平雅典，征服希腊。为此，他精心准备了4年，动员了整个波斯帝国的军力。参加远征的士兵来自臣服波斯的46个国家，100多个民族。有穿着五光十色的长褂和鳞状护身甲、携带短剑长矛的波斯人、米底亚人；有头戴铜盔、手持亚麻盾牌和木棍的亚述人；有用弓箭和斧头作为主要武器的帕提亚人和花剌子模人；有穿长袍的印度人；有穿紧腰斗篷，右肩挂着长弓的阿拉伯人；有穿豹皮或狮子皮、用红白颜色裹身的埃塞俄比亚人，他们的武器是棕榈树制的弓、燧石做的箭头；有镶羚羊、狐狸皮，身穿鲜艳的红斗篷，手拿标枪和盾的色雷斯人；还有帽盔上装饰牛耳、手执皮盾和短矛的高加索各族士兵。波斯军队的人员这样庞杂，武器装备又是这样五花八门，使这支大军很像一次各族军队和军备的大展览。

前480年春，波斯全军齐集小亚撒尔迪斯，他们号称500万人，但实际上只有30万~50人，军队分海、陆两路，向希腊进发。波斯大军走到赫勒斯邦海峡（现在叫达达尼尔海峡），薛西斯下令架桥。大桥很快架设起来，是两座索桥，埃及人和腓及尼人各造一座。桥刚修好，忽然狂风大作，把桥吹断。薛西斯大为恼怒，不但杀掉了造桥的工匠，还命令把铁索扔进海里，说是要把大海锁住。还命人用鞭子痛击海水300下，惩戒大海阻止他前进的罪过。他的自命不凡和目空一切，由此可见一斑。

当然，桥最后还是造好了。不过由索桥变成了浮桥。工匠们把360艘战船整齐排列，用粗大的绳索相连。船上用木板铺出两条路，一条走人，一条走骡马。浮桥的两边又装上栏杆，以免人马坠入海中。

也许你不信，这支波斯大军用了整整7天7夜才全部渡过海峡。有个亲眼目睹了这一切的当地人，惊恐地说："宙斯啊，为什么你变为一个波斯人的样子，并把名字改成薛西斯，率领着全人类来灭亡希腊呢？"

面对来势汹汹的敌人，一向喜欢内部争斗的希腊各城邦组织了从未有过的联合行动。30多个城邦组成了反波斯同盟，同盟军总统帅由斯巴达国王列奥尼达担任。

渡过赫勒斯邦海峡后，波斯大军迅速席卷了北希腊，七八月间来到了德摩比勒隘口。该隘口是中希腊的"门户"，依山傍海，关前有两个硫黄温泉，所以又叫"温泉关"。关口极狭窄，仅能通过一辆战车，是从希腊北部南下的唯一通道。这时希腊人正在举行奥林匹克运动会，在这里奥林匹克高于一切，运动会期间是禁止打仗的。因此，希腊人在关上布置的兵力只有几千人。当波斯人临近的时候，斯巴达国王列奥尼达仅带了300人前来增援。

波斯大军在温泉关不远的平原扎下大营以后，薛西斯首先展开了心理攻势。他派人捎信给希腊守军，说波斯兵多得数不清，光是射击的箭矢就能把太阳遮住。然而，勇敢的斯巴达人是不会被吓倒的，他们嘲笑说："那太好了，我们可以在阴凉里杀个痛快。"

过了两天，薛西斯又派人去打探希腊人的动静，回报说希腊人把武器堆在一边，有的梳头、有的做操，丝毫没有打仗的样子。薛西斯大为奇怪，问询知情者后方知，战前梳头是斯巴达人的习惯，意味着将要玩命血战。薛西斯又耐心地等了四天，见守关的希腊人丝毫没有投降的样子，便下了命令，用武力活捉这些不知好歹的希腊人。

温泉关地势险要、山道狭窄，部队不能展开行动，骑兵和车完全派不上用场。所以，薛西斯采取了派重装步兵轮番冲击的强攻战法，企图利用人数的优势打垮斯巴达人。而斯巴达人却利用温泉关"一夫当关，万夫莫开"的地形优势，居高临下，用锋利的长矛凶狠地刺向手持波斯刀的敌人。波斯人倒下了一批又一批，攻打了一天又一天，却没能前进一步。薛西斯无奈，只好拿出最精锐的一万名御林军投入战斗，但除了抛下大片尸体外，还是攻不上去。见此情景，薛西斯急得三次从他督战的宝座上站起来，皱着眉头，抖动着胡子，狂躁地吼叫不已。

正当薛西斯无计可施的时候，一个名叫埃彼阿提斯的当地农民来报告说，有条小路可以通到关口的背后。薛西斯一听，大喜过望，立即命令这个希腊叛徒带领御林军沿着荆棘丛生的小道直插后山。他们穿峡谷，渡溪流，攀山崖。黎明的时候，越过一片橡树林，接近了山顶。本来，列奥尼达在小路旁的山岭上早已布置下1000余名来自佛西斯城邦的守兵。因数日无战事，他们便放松了警惕，直到寂静的黑暗中传来嘈杂的脚步声时，他们才慌忙披挂上阵。波斯人已到跟前，羽箭像雨点般射来，佛西斯人败走了。波斯人也不追赶，直向温泉关背后插去。

斯巴达国王列奥尼达得知波斯军迂回到背后时，知道大势已去。为保存实力，他把已无斗志的其他城邦的军队调到后方去，只留下他带来的300士兵迎战。因为按照斯巴达传统，士兵永远不能放弃自己的阵地。700名塞斯比亚城邦的战士自愿留下同斯巴达人并肩作战。

前后夹攻的波斯人潮水般扑向关口，腹背受敌的斯巴达人奋勇迎战。他们用长矛猛刺，长矛折断了，又拔出佩剑劈砍，佩剑断了，波斯人拥了上来。斯巴达的勇士们杀退了敌人的四次进攻，拼死保护自己的统帅。他们的人数越来越少，逐渐被压缩到一个小山丘上。杀红了眼的波斯人，将残余的斯巴达人死死围住，在口令声中将雨点般的标枪投向他们，直到最后一个人倒下。至此，温泉关才最终被攻占了。

付出两万波斯士兵生命的温泉关血战，对于薛西斯来说，就像是一场恶梦。一想到血战到底、宁死不屈的斯巴达勇士，他就心惊肉跳地问："斯巴达人是不是都是这样的？"

据说，波斯人在打扫战场时只找到了298具斯巴达人的尸体。原来，有两个斯巴达人没有参加战斗。一个是因为害眼病，一个是因为奉命外出。战后，他俩回到斯巴达时，家乡的人都非常鄙视他们，谁也不理他们。其中一个人受不了这种屈辱，自杀了。另一个在后来的战斗中牺牲，但斯巴达人还是拒绝把他安葬在光荣战死者的墓地中。在这场战役中牺牲的斯巴达人就是著名的"斯巴达三百勇士"。

海豹突击队同样是一个富有牺牲精神的团队：

罗伊·保汉——海豹第2小队的第一任指挥官，被全体海豹部队队员尊为教父。1986年为完成任务牺牲。

迪克·考契——海豹突击队越战后备军人，1969年为救援战俘牺牲。

史考特·海文斯顿——海豹部队历史上最年轻的完成BUD训练的队员，不过2004年在伊拉克殉职。

汉瑞·汉费瑞斯——海豹突击队中的好莱坞演员。在1990年的海湾战争中殉职。

理查·马辛克——海豹部队第6小队创办人。在1990年的海湾战争中殉职。

艾瑞克·普林斯——美国海豹突击队中黑水创办人。2001年牺牲于阿富汗。

西奥多尔·罗斯福四世——美国总统西奥多尔·罗斯福的曾孙，BUD第36班。殉职于阿富汗。

麦可·穆肃——因在战争中扑向手榴弹而牺牲自己，拯救其他三名队员的海豹突击队队员。

……

牺牲精神等于敢于独自承担责任

现代社会里，责任感是很重要的，不论对于家庭、公司，还是你周围的社交圈子，都是如此。在某种意义上，责任感意味着专注和忠诚。所以，一个企业也是一样，敢作敢当、勇于承担责任的员工是最可爱的。跟小孩子接触过的人都看过这样一个场景：小孩子不小心撞到了桌子上，疼得大哭不止，等待着大人过来帮助。如果你是孩子的妈妈，你会怎么做呢？一般有两种做法：其一，母亲焦急地走过去，把跌坐在地上的孩子抱起来，用手或者棍子拍打桌子，边拍打边说一些"这破桌子，怎么能碰到我的孩子呢？"之类的话。其二，母亲微笑看着孩子，先鼓励他站起来，再把孩子带到桌旁边，和蔼地说："来，再走一次。一个人走路会撞到桌子有三个原因：第一是你走路的速度太快，躲闪不及；第二是你的眼睛看别处没有留意桌子；第三是你心里面不知在想些什么，你是哪一种呢？"

我们来分析一下，第一种母亲，她疼儿心切，但是她"护短"，把责任推到了桌子上，孩子碰到桌子，是桌子的错误。第二种母亲，她不是不心疼孩子，她给孩子分析了三种原因，都是让孩子明白，走路碰到桌子是孩子的失误。然后用这种方式帮孩子找到原因，再纠正过来，那么下一次就不会犯同样的错误了。

毫无疑问，第二种母亲的做法相当明智。同样，在职场中，工作意味着责任，一个对工作负责的员工，有承担风险的能力。只有他敢于去承担风险，才能胜任这份工作。工作并不是一帆风顺的，总有一些苦难和挫折，而员工的处事能力也并不是万无一失的，也可能会犯一些错误。针对这些错误，就出了如同上述两种母亲的做法。

通常情况下，人们认为责任就是风险，他们习惯于为自己的过失寻找借口，他们通常说"这不是我的错""我不是故意的""是他让我这样做的""这不是我干的""本来不会这样的，都怪……"之类的话语。他们用这种方式希望可以逃脱惩罚。而作为一名优秀的员工，他们会勇敢地承认这些错误，勇敢地接受惩罚，然后通过这个过错学会更多解决和处理事情的方式、方法。连小孩子都知道，知错就改是好孩子，何况我们大人呢！

在这个世界上，没有不须承担责任的工作；相反，你的职位越高、权力越大，你肩负的责任就越重。不要害怕承担责任，要立下决心，你一定可以承担任何正常职业生涯的责任，你一定可以比前人完成得更出色。

约翰到一家钢铁公司工作还不到一个月，就发现很多炼铁的矿石并没有得到全部充分的冶炼，一些矿石中还残留没有被冶炼好的铁。如果这样下去的话，公司岂不是会有很大的损失。于是，他找到了负责这项工作的工人，跟他说明了这个问题，这位工人说："如果技术有了问题，工程师一定会跟我说，现在还没有哪一位工程师向我说明这个问题，说明现在没有问题。"约翰又找到了负责技术的工程师，对工程师说明了他看到的问题。工程师很自信地说他们的技术是世界上一流的，怎么可能会有这样的问题。工程师并没有把他说的看成是一个很大的问题，还暗自认为，一个刚刚毕业的大学生，能明白多少，不会是因为想博得别人的好感而表现自己吧。但是约翰认为这是个很大的问题，于是拿着没有冶炼好的矿石找到了公司负责技术的总工程师，他说："先生，我认为这是一块没有冶炼好的矿石，您认为呢？"总工程师看了一眼，说："没错，年轻人你说得对。哪里来的矿石？"约翰说："是我们公司的。""怎么会,我们公司的技术是一流的,怎么可能会有这样的问题?"总工程师很诧异。"工程师也这么说,但事实确实如此。"约翰坚持道。"看来是出问题了。怎么没有人向我反映?"总工程师有些发火了。总工程师召集负责技术的工程师来到车间,果然发现了一些冶炼并不充分的矿石。经过检查发现,原来是监测机器的某个零件出现了问题,才导致冶炼不充分。

公司的总经理知道了这件事之后,不但奖励了约翰,而且还晋升他为负责技术监督的工程师。总经理不无感慨地说:"我们公司并不缺少工程师,但缺少的是负责任的工程师,这么多工程师就没有一个人发现问题,并且有人提出了问题,他们还不以为然,对于一家企业来讲,人才是重要的,但是更重要的是真正有责任感的人才。"约翰从一个刚刚毕业的大学生成为负责技术监督的工程师,可以说是一个飞跃。工作之后他获得的第一步成功就是来自他的责任感,他的责任感让他的领导者认为可以对他委以重任。如果他不敢坚持自己的看法,让自己的责任和忠诚屈服于某些东西,那他就可能没有这样的升迁机会了。

一个勇于承担责任的人是值得信任的。职场上,决定输赢的不是能力,而是一个人的品质。其实勇于承担责任就是一种品质。勇于承担职业生涯中的责任,你一定能够比别人完成得更出色。世界上最愚蠢的事情就是寻找借口。如果说寻找借口而逃避责任可以保护自己一段时间,但长此以往,人就会疏于努力,不再尽力争取成功,而把大量的时间和精力放在如何寻找一个合适的借口上。虽然承担责任会有被处罚的风险,但不承担责任,将会遭遇更大的风险,就会丢掉工作、丢掉前途。

俗话说,"神仙也难免会打盹儿"。再优秀的员工,犯错误都是在所难免的,如果敷衍塞责,找借口为自己开脱,就会让企业管理层觉得你不但缺乏责任感,而且还不愿意承担责任。因此,作为一名企业员工,没有任何借口,没有任何抱怨，主动负责，意味着自己能够接受企业的信任，这样，企业也会赋予你重要的工作与高级的职位。

上海有一家香港公司的办事处，办事处刚成立时需要去工商局注册。由于当时很多这样性质的办事处都没申报注册，再加上这家办事处没有营业收入，所以这家办事处也没申报。两年后，在工商检查中，工商人员发现这家办事处没有纳过税，于是做出了罚款决定，数额有几十万。这家办事处的香港老板知道这件事后，就单独问这位主管"你当时是怎么负责这件事的？"这位主管说："当时我想到了注册申报，但有个职员说很多公司都不申报，我们也不用申报了，考虑到可以给公司省些钱，我也就没再考虑，并且这些事情都是由职员一手操办的。"老板又找到职员，问了同样的问题。这位职员说："我以前所在的公司没有申报注册，也没有人去查它，所以我只把相关情况告诉了主管。至于是否去注册是由主管决定的，我说了也不算！"

这是一个典型的推卸责任的案例，职员和主管相互推卸责任。有这样的员工，这家公司在上海的发展前景绝对不乐观。

一个勇于认错，勇于承担责任的人，是一个有担当的人，这样的人才靠得住。职场不是不允许犯错，关键是面对错误的态度，不同的态度能够反映出你做人的品质，也能判断出你是否具有敬业精神。因此，不要耍一时的小聪明，用瞒天过海之计推脱责任，那你就可能犯大错，可能面临被解雇的危险！

老板喜欢提拔忠诚的员工

有人说，忠诚就意味着多付出，意味着老实会吃亏；因为忠诚的人都很敦厚、老实。这种实在人在和一些奸、滑、心眼多的人打交道时，肯定是要吃亏的。这种说法似乎很有道理，但是问题就出在"吃亏"两字上。那些不计较个人得失的人，在他们主动工作，默默吃亏、勤奋踏实的时候，一定能够被老板看到。因此这就有了"吃亏等于占便宜"这句俗语了。同理，那些偷奸耍滑的人，也不是每次都被老板看到，但总有一天会被看到，只要被看到一次，这些人的前途就会急转直下了。

当今社会到处充斥着金钱至上和功利主义，人们大都变得浮躁、敷衍和急功近利，没有人愿意更多地付出，更别说愿意吃亏了，但每个人都想有太多的回报。在这种想法之下，天上掉下来馅饼可能是事实了。其实，天下哪有什么轻而易举就能成功的事，每个普通员工的成功无不是多年来对自己企业的忠诚、对周围人的诚信和自身无比的努力换来的。现实中大家往往会看到他人的成功，却看不到他们成功背后的寒窗苦读。"台上十分钟，台下十年功。"正是说的这个道理。没有付出，哪来回报！忠诚也是如此，忠诚的付出，才会有回报。马尔蒂斯是一家金属冶炼厂的技术骨干，由于工厂准备改变发展方向，马尔蒂斯觉得这家工厂不再适合自己，他准备换一份工作。最后，马尔蒂斯决定去全国最大的金属冶炼公司应聘。负责面试马尔蒂斯的是该公司负责技术的副总经理，他对马尔蒂斯说："我们很高兴你能够加入我们公司，你的资历和能力都很出色。我听说你原来所在的厂家正在研究一种提炼金属的新技术,并且听说你也参与了这项技术的研发,我们公司也在研究这门新技术,你能够把你原来厂家研究的进展情况和取得的成果告诉我们吗?你知道这对我们公司意味着什么,这也是我们聘请你来我们公司的原因。"听了副总的话,马尔蒂斯回答道:"您的问题让我十分失望,看来市场竞争确实需要一些非常手段,但是我不能答应您的要求,因为我有责任忠诚于我的企业。尽管我已经离开它了,但任何时候我都会这么做,因为信守忠诚比获得一份工作重要得多。"马尔蒂斯的回答让他失去了这个无数人梦寐以求的机会。一周后,就在马尔蒂斯准备去另一家公司应聘的时候,他收到了这样一封信:"马尔蒂斯先生,你被录取了,我们做出这样的决定,不仅是因为你的能力,更因为你时时刻刻都想着为自己的企业保守商业机密,你是好样的!"这封信正是那位副总经理写给马尔蒂斯的。

在你收获想要的东西之前,你总是得先付出一些东西。收获不会凭想象产生,不劳而获、守株待兔、天上掉下馅饼只是不切实际的空想。即使有不劳而获的事情,其中必然也隐藏着不为人知的秘密。因为天下没有免费的午餐。在现代企业管理中,只有付出忠诚,才有收获。

在古代,天子们就非常强调下面大臣对他们的忠诚,忠诚的大臣很容易得到皇帝的信任,也会得到社会上很好的名声。不仅是君臣之间,老板与员工之间也需要忠诚。老板一般都把员工当成自己人,希望员工忠诚地跟随他,听他的指挥,去完成一项又一项的工作。

通常每个人能以忠诚对待别人,一定可获得对方的喜爱或者青睐。尤其在职场中,老板都喜欢重用忠诚的员工。事实上,任何人都不能容忍或原谅别人对其不忠诚,不讲信用,尤以老板为甚。

很多古今实例为我们证明了,不忠诚的员工往往会给公司造成莫大的危害，与其共事无异于养虎为患。试想一个老板怎会对此类员工有好印象而愿意重用他呢？因此不论你是学识才能俱佳还是干劲十足，如未能对老板表现出你的忠诚，则很难获得其重用与提拔。

忠诚、讲义气、重感情，经常用行动表示你的忠心，便很容易得到老板的喜欢。一个员工若能在一家公司工作一年以上，对公司、老板熟悉了，并对公司、老板产生了好感之后，就比较容易培养出对老板的忠诚，较有机会成为老板的得力助手，所以一般而言不要轻易辞职，最好具有从一而终的心态，才能深获老板和公司的信任。尽忠职守，做好本职工作，即使工作再辛劳，也要保持无怨无悔的态度，这样才能成为一名忠诚的好员工。

付出的你的忠诚，主要体现在对工作的态度上，体现在你是否认真努力工作。有人会说自己在工作上很努力，却没见到有什么回报。干多干少一样，还不如少做点事了。有这样心态的人，还是对老板或公司表现得不够忠诚。表现得不够忠诚，怎能获得老板的赏识呢？还有一类人，他们虽然在工作中表现出了忠诚，工作也相当努力，但是没有业绩出来，这样也不会有多少回报的。所以说努力工作，不一定会有回报，但不努力工作，一定不会有回报的。也只有努力工作，才可以帮你实现梦想。

在生命的旅程中，在你得到东西之前，总要先付出一些东西，不幸的是许多人在没有付出之前，都想获得更多的回报。秘书往往会跑到老板那里说："老板，请给我加薪，我就会做得更好。"业务员时常跑到老板那里说："请把我升为销售经理，这样我就会变得能干，虽然我一直没有做出什么业绩，不过，一旦让我负责，我就能做得更好。"如果每个人都这样想的话，可以想象一位农夫会说："如果让今年丰收的话，明年我会好好地耕种。"总而言之，他们说的是："给我报酬，然后我会生产。"可惜现实并不像我们想象的那样。没有付出，哪会有回报？

在美国有个叫布恩斯的青年，他在一家五金工具店里工作，每周的工资是200美元。他刚走进商店，总经理对他说："你应该已经熟悉工作中的所有细节，你会努力去做的。一旦你能表明自己的能力，我就会马上来承认你的工作成绩，会给你加薪升职。"年轻的布恩斯除了认真工作外，还总能细心观察。几周之后，他发现总经理总是仔细查看进口商品的清单。这些产品是从德国和法国进口的。他便开始研究货物清单，从而认识了法国和德国的一些商人。有一天，总经理工作非常繁忙，于是便让布恩斯帮助整理货物清单。他完成得非常出色，此后，清单检查工作都要由布恩斯来把关。

一个月之后，他被总经理叫进办公室，商行的两位主要人物会见了他，与他进行了长时间的交谈。年纪较大的一位长者说道："在你的总经理到来之前，我一直从事这项工作。而你的总经理之所以能成为商行中的一员，就在于他能关注这一方面的工作。我在这一行干了几十年，你是第一个看到这个机会的男孩，并巧妙地把握住了这个机会。我们希望你来主管商品进口的工作。这是一个很重要的职位，也是一项必不可少的工作，我们需要有能力的人来从事这项工作。在我们这20个员工当中，只有你一个人看到这项工作的重要性，并且有能力胜任它。"

布恩斯的工资被提高到每周500美元，在5年之内他的工资收入就会超过10万美元，后来他被派往法国和德国。他的老板说："等约翰·布恩斯到30岁的时候，可能会成为商行合伙人中的一员。他是一个把商行的命运当作自己命运的人，并愿意为此付出更多的汗水，使自己能够为商行做得更多。一个愿意为公司付出更多汗水的人，表明他对公司是无比的忠诚，付出自己的忠诚，最终必有回报。"

以赤诚之心服务于企业，企业自然会予以优厚的回报，这种回报不但是长久的，而且是最有价值的。忠诚给你带来的回报是无法估量的。

在人生路途中，你无法知道，明天到底会不会有重大的机会，或者还要一星期、一个月、一年或更长的时间才会有收获。因此不管你现在正在做什么，只要充满热心与激情，不断地做下去，那么迟早会有收获的。但是如果你半途而废，中途就撒手不干，那你就无法享受到收获之时的甜美了。

忠诚一定有回报，要求我们把目光放长远一些；忠诚一定有回报，前提是我们要一如既往地忠诚。忠诚一阵子就放弃忠诚的人，可能永远也得不到回报。

忠诚不等于送死，要使自己的忠诚更有价值

在企业里，很多员工跟在老板后头唯唯诺诺，老板说向东他就向东，老板说向西他就向西，从来没有自己的想法，即使有也不敢说出来。有时，明明老板的想法或者做法是错误的，会造成严重的后果，他们还是不折不扣地执行。这些人就是典型的愚忠，他们对忠诚的理解过于偏激和绝对，认为忠诚就是一切都听老板的，不管什么情况都不可以持反对意见。然而，忠诚不是愚忠，愚忠更不应该成为掩盖自己无能的借口。你忠于国家，你就应该努力提高自己的综合素质，为国家做贡献；你忠于老板，就应该提高自己的技能，为老板创造价值。

任何事都有一定的尺度，要不然就会过犹不及，反受其害。过度的忠诚就是愚忠，就像是狗对自己的主人一样忠诚得毫无理性可言。人与人之间的关系是相对的，是相对的忠诚。要求一个人对另外一个人忠诚，首先做出要求的人自己要忠诚。就是说忠诚只能是相对的，而不是绝对的。

任何事情都是双向的，企业有选择员工的权利，相应地，每个员工也有挑剔企业的权利，任何人在为企业效力的时候，一定要记住你同时也是在为自己的未来做铺垫。

当然，不管你供职于任何企业，也不管企业处于强盛时期还是处于危机时期，如果你决定在这个企业中工作，就一定要忠诚于企业。但是，如果你认为不适合在这个企业工作，那么就不要在这个企业得过且过，懒懒散散，吹毛

求疵，乱加指责。你应该选择离开，但要真诚地离开并为企业保守一切秘密，这对企业和自己的成长都会有好处。这里不是鼓励大家跳槽，也不是鼓励大家对企业做出不忠诚的事来，而是告诉大家要有正确的判断，你不适合在这个企业工作，就要下决心离开，否则对自己的未来发展是非常有害的。

在现实生活中，把愚忠当作忠诚的人还真不少。在他们看来忠诚就是对老板尽忠，认为忠诚于老板就是绝对听老板的话，不论老板的话对错与否。在企业里，很多员工在老板面前点头哈腰，唯唯诺诺，无论老板说什么，他都会随声附和，哪怕他心中明知老板是错的，也没胆量说老板是错的，还称赞老板伟大、英明。他们愚蠢地以为，只要和老板的论调保持一致就是忠诚，全部听老板的话就是忠诚。更有人把忠诚与拍马屁混为一谈。有时候，人们为了表示自己的忠诚，经常做出一些阿谀奉承的事来讨老板喜欢，凡事都只图让老板开心。

多克先生是德国一家大企业的总裁，他曾经亲自招聘过一位项目部经理。当时，经过多项测试考查，为数不多的几个人幸运地进入了最后的复试阶段。这次，是多克先生亲自主持的面试，他称此关主要是考查应聘者的勇气和忠诚度。在企业的休息室里，面试者被一个接一个叫去应考。第一位被叫进多克先生办公室的男士满怀信心地接受考查。他被带到一个房间，多克问，"为了考查你的忠诚，你是否愿意为获得这份工作而待在这个房间里两天两夜不吃不喝？"面试者毫不犹豫地回答："我愿意！"于是，他就真的待在那个房间里。然而，两小时后，第一位面试者却被告知他可以回家，他被淘汰了。

第二位被叫进去的男士也满怀信心。他被带到了另一间屋子前，多克先生对他说："房间里有一张表格，你去把它拿出来，填好后交给我。不过，要用你的脑袋把门撞开。"这位男士心想：既然总裁要考查的是勇气，那么绝不能在总裁面前表现出软弱来。于是，他不由分说地用头撞门，头已经破了门还没被撞开。多克见状，赶紧说，"好了，你回去等候通知吧。"一个接一个的

"勇士"被带到了多克先生的办公室，可是，他们谁也没有得到多克先生明确录用的回答。

最后一位面试者被带到了多克先生的办公室。多克先生对他说："现在办公室就我们两个人，旁边桌子上的水杯是我公司一个副总的，最近他总是让我不畅快，我给你一包泻药，你去投到他杯子里。""什么？你居然要我做这种事？这是不道德的！"那个男士本能地说道。"我是这里的老板，你得服从我的命令。"多克先生毫不客气地吼道。"这样的命令毫无道理，你简直是个疯子，这份工作我不要了。"那个男士想也没想就回答道。多克先生没有说什么，又先后提出了前面面试时的不合理要求，但他的要求都遭到这位男士的严厉拒绝。最后，这位男士非常气愤，准备立即离开。这时，多克先生极力挽留他，并向众人宣布，这位男士被正式聘用了。多克先生解释道："真正的勇士是敢于坚持正义和真理而不畏强权的人，真正的忠诚不是一味听上司的话，而要敢于纠正上司的错误，以免造成不必要的损失。"

通过这个事例可以看出，忠诚并不是盲目的、绝对的服从，并不是对老板的要求唯唯诺诺。而是要保持自己的原则，要干真正有益于企业发展的事情。

杰克刚进入公司时，公司运转正常。不久，公司承担了一个项目的策划——在城市的各条街道做广告牌。这一任务令公司的全体员工欢喜万分，他们都全身心地投入到工作中去了。每个街道都要做十多个广告牌，全市加起来至少要做几千个，这给公司带来的经济利益和社会效应是十分可观的。然而，半年以后，经过公司辛苦奔波，全套审批手续批下来的时候，公司却因资金短缺，全部陷入停滞状态。此时的公司前景黯淡，欠款数目巨大。当约翰逊召集全体员工陈述公司的现状后，不到一个星期，人员所剩无几，最后只剩下杰克一个人陪着约翰逊总裁。约翰逊歉疚地问他为什么要留下？杰克微笑地说了一句话："既然上了船，船遇到惊涛骇浪，就应该同舟共济。"街道广告属于城市规划的重点项目，他们停顿下来以后，在政府的催促下，公司将这来之不易的项目转移到另一家公司。但是在签订合同的时候，约翰逊总裁提出了一个不可说不的条件：杰克一定要在那家公司里出任项目开发部经理。约翰逊总裁握着杰克的手向那家公司总裁推荐："这是一个难得的人才，只要他上了你的船，就一定会和你风雨同舟。"

确实，一个公司需要许多精英人才，但更需要与公司共命运的人才。加盟新公司后，杰克出任项目开发部经理，原公司拖欠的工资，新公司补发给了他。新公司的总裁握着他的手微笑着说："这个世界，能与公司共命运的人才非常难得。或许以后我的公司也会遇到种种困难，我希望有人能与我同舟共济。"杰克在后来几十年的时间里一直没有离开过这家公司，在他的努力下，公司得到了更为快速的发展。真正的忠诚，不仅仅是听老板的话，更不是放弃自己的个性和主见。如果不仔细分析，很多人恐怕都会陷入一种误区：认为忠诚就是无条件的服从。很显然这种认识是错误的。

"忠诚不是愚忠，服从不是盲从"，如果硬要把愚忠等同于忠诚，那么，必定会产生与预期相反的结果。任何一个明智的老板，都会抛弃那些不讲正义，不讲原则，只是一味愚忠的人。忠诚是一种真心待人、忠诚于人、勤于做事、乐于奉献的情操，它发自内心，而绝非虚伪做作。忠诚是神圣的，但绝不是一种可以随便付出的情感。如果你不打算忠诚于一个你不热爱的企业，就不要随便选择它；如果你忠诚于一个企业，就不要轻言离开它。

在职场，忠诚是一种职业素养，是个人的职业灵魂！忠诚既是企业的需要，也是老板的需要，但更是你的需要，它是你在这个社会上生存的武器。忠诚可以让你获取更多的机会。我们所说的服从不是盲从，所讲的忠诚不是愚忠。对于一名员工来说，服从固然是种美德，但是一定要清楚自己什么时候该服从，什么时候不该服从，该服从的时候听从命令，就是忠诚，不该服从的时候听从命令，就是愚忠。

因为忠诚，所以才会有牺牲精神。正确认识牺牲精神需要"大智慧"，做什么事都需要付出代价，牺牲就是人为了道义而付出的代价。牺牲是人类再自然不过的事，人人都能做，而且人人都在做，只是牺牲的大小不同，每人的自觉程度也有所不同而已。有些人厌谈牺牲，是由于把它与"牺牲品"挂起了钩。《现代汉语词典》上说，"牺牲品"是指成为牺牲对象的人或物。这样理解的牺牲，自然是一种毫无价值、极不情愿的代价与付出，本身也不符合道义。我们所说的"牺牲"其实是表示人们为了追求一定的价值目标，坚持履行某些道义原则和责任义务，自觉地放弃自我的某些东西。我们所说的牺牲的行为主体不但是自觉自愿的，而且是高尚的。某些人之所以怕谈牺牲，是因为他们往往把牺牲与舍弃自己的生命联系起来。

诚然，为了道义而舍弃自己的生命是一种牺牲，甚至是一种最高尚的牺牲。但是，牺牲的种类却远不止这一种，例如从牺牲的东西来说，可以是时间、金钱或某种权利，也可以是健康和生命；从所要成全的目标来说，可以是自己的亲人、同志，也可以是并不相识的路人，更可以是正义的事业；从牺牲的形式来说，可以是生死搏斗的战场和灾区，也可以是平凡的岗位。道德需要牺牲。牺牲是人类社会存在和发展所必需的，是我们每个人正常生活所必需的。我们人类总是生活在社会集体之中，需要彼此之间的交往。这种交往不断表现在言语上的相互商议、相互鼓励，还要有行动上的相互支持、相互帮助。在这些"相互"中，处处都存在着各式各样的牺牲：在家庭里，子女的健康成长，靠父母做出牺牲；在学校里，学生的德、智、体的健康发展，靠教师们做出牺牲；在工作中，个人取得的辉煌成绩，要靠同事们做出牺牲；祖国的边疆安全，要靠战士们的牺牲。这些牺牲，可能是自己的财富、时间、精力的付出，也有可能是青春与生命的奉献，正是大家的牺牲，才保障了我们国家的安全和人民群众的正常生活，做个有道德的人，离不开牺牲，在他人困难的时候，要挺身而出，出手相助。正如一位哲人说的，"牺牲是道德的前提"。

有价值的牺牲是为着正义的原则和事业。牺牲是人在成长过程中必须面对的，问题在于为了什么、为了谁牺牲，牺牲达到什么程度，衡量牺牲的价值也正在这里。即使是坏人，他也可能在某个时间，或者为某些人做出某些牺牲，例如对于他的亲人或伙伴。但是，真正有价值的牺牲，应当是为着更多的人，为着正义的原则和事业，自觉自愿地做出更大的牺牲。为着崇高的目标，愈是不怕牺牲，就愈高尚。匈牙利的著名诗人裴多菲曾吟诵过："生命诚可贵，爱情价更高。若为自由故，二者皆可抛。"鲁迅先生说："我们从古以来，就有埋头苦干的人，有拼命硬干的人，有为民请命的人，有舍身求法的人，这是'中国人的脊梁'。"文天祥的"人生自古谁无死，留取丹心照汗青"，林则徐的"苟利国家生死以，岂因祸福避趋之"，这类例子举不胜举。

牺牲者虽然并不追求个人的直接利益和报酬，但是，对于牺牲者来说，牺牲决不只是损失，决不会丧失自己的主体性和尊严。也许在某些目光短浅的人眼里，牺牲只不过是"吃亏"，是在做"傻冒儿"才做的事情。其实牺牲是能够得到报酬的。为他人做了好事，他人会记住你，感谢你。如果你自己遇到机会或困难，别人也会以其牺牲来回报你。为千千万万人民群众做出的牺牲，千千万万人民更会永远记住他。每个人，乃至整个人类社会，就是在这些相互的、持续的牺牲中不断发展、前进的。前人已经认识到"吃亏是福"这个人生真理，聪明人往往把牺牲当成是一种光荣，一种幸福。鲁迅先生说过："在生活的路上，将血一滴一滴地滴过去，以饲别人，虽自觉渐渐瘦弱，也以为快活。"这是人生价值的一种体现。认识到这一点，才是真正的目光宏远，是大聪明，大智慧。

第十章

严守纪律是执行力的保险

所谓"无规矩不成方圆",纪律对于个人、对于团队、对于执行力而言,都是至关重要的。倘若个人或团队没有严守纪律,就会像无头苍蝇一样,到处乱窜,既影响他人或团队的士气,又影响任务的成败。因此,为了确保我们的执行成功,而不丢掉性命,我们就必须遵守必要的规则和纪律,这样才能保证执行成功的可能性。

遵守纪律的狼群

如果有人说谁是百兽之王，很多人一定会想到老虎。的确，单单从体型、体力来说，单个的老虎的确在群兽中呼啸称王。然而，就自然界的弱肉强食的竞争关系来说，有一种动物组成的群体是连老虎碰上都要退避三舍的。对，就是狼群。中国有句谚语，叫作饿虎斗不过群狼。在动物界群居的动物很多，如斑马群、野牛群、野鹿群。那么为何老虎单单惧怕狼群呢？这和狼群严守纪律的习性是分不开的。

狼群社会中等级制度非常严明，如果你认真观察一支狼群，你会发现它们有一系列诸如屈膝行礼、鞠躬、训斥、惩罚的声音和动作，而这一切的声音与动作又是按照其成员在狼群中不同的地位而发出的。等级最高的头狼往往可以任意踢打、撕咬其他同伴，而此时该同伴还要低着头发出低低的呻吟，哀求头狼的原谅。在猎食的时候，狼群更是分工明确，配合得当，效率极高。比如一支狼群在猎捕一群野鹿，你会发现它们一定选择晚上行动。黑暗的天色会掩护一大群狼慢慢地对草地上的野鹿形成合围之势，并且毫无声音。在野鹿们做着春秋大梦的时候，无论如何也想不到自己已经被团团包围了。几只强壮的公狼悄无声息地接近负责警戒放哨的野鹿并一口咬断野鹿的脖子后，头狼发出进攻命令的嚎叫，一时间群狼便对准自己锁定的野鹿以极快的速度发动冲击，大部分野鹿都在睡梦中被咬断喉咙并被狼群叼走，成为这场战争的胜利品。猎取野鹿成功后，你会发现，群狼不会各自吃自己所捕的猎物，而是将野鹿的尸体堆放在一个空地等待分配战利品。头狼分得最肥的野鹿，怀孕的母狼分得次肥的，然后依照身体强弱分得剩下的，往往身体最弱的只能分得很少甚至不能分到。守纪律、讲本分是狼群社会中最基本的原则。因为守纪律，才使狼群不仅嗜血凶残，而且更加狡猾。它们不会盲目地像猫科动物那样光天化日下追击猎物，而是在猎物最放松、最丧失心理防备的情况下行动，它们同时具备了老虎的残暴和狐狸的狡猾。从这点来讲，狼猎捕猎物的效率要大大高于其他食肉动物。

这条定律同样适用于人类。纪律是事业的基础，成功的保障，串联团队的绳子。在军队中，纪律越严明的军队越能打恶仗、险仗、凶仗。越重视纪律的民族，越是强大的民族，越能在优胜劣汰的世界民族之林屹立不倒，光芒万丈。越讲究纪律的企业，越能在激烈的全球化市场竞争中立于不败之地。纪律是民族、军队、企业、团队、个人获得胜利和成功的不二法门。

可以说无论是人类社会还是动物社会，严守纪律的种族、团队、群体才能在优胜劣汰的竞争环境中生存下去。人们通常会将纪律严明、凶残而又狡猾的军队称为"狼群"。如第二次世界大战中的德军潜艇部队。而美军的海豹突击队也是一只具有"狼群"称号的部队。

1970年，一架美军直升机前往北越军队控制地侦查，结果被击落，飞机上10名机组成员除机长死于飞机坠落外，其余9名美军成员全部被俘。北越用这9名被俘美军要挟美国政府退出一块美军控制地区。由于这一地区靠近南越首都西贡，如果美国答应北越要求，北越军队控制这一地区后，其远程炮火将完全覆盖整个西贡市。然而，如果美国政府不同意，北越将通过媒体向世界公布美国不顾这9名美军士兵生命的新闻，此时美国国内反战声浪正高，有可能推波助澜，引起动乱。时间不允许美国政府考虑拖延下去，美军动用了刚刚组建不久的海豹突击队。

海豹突击队队员被一艘美国驱逐舰秘密放在关押美军战俘北越军队控制的海港处。海豹队员们乘坐小橡皮艇慢慢滑向岸边。由于北越军队在此处海港驻兵达到2个正规师，还有附近居民组成的巡逻队，所以十几名海豹队员只能各自分散潜入敌营。海豹队员们通过各自事先预定好的作战计划行动。这十几名海豹队员就像是潜入鹿群的野狼，咬断猎物脖子前一声不吭。几个北越哨兵几乎同时被悄无声息地放倒，随后，海豹队员们在一个帐篷中会合，该帐篷中沉浸在梦乡的十几个北越士兵被消音手枪击毙。海豹队员们换上他们的军服后向天空打出信号弹。美军飞机群便向该地区北越军队驻扎地投下炸弹和烟雾弹，海豹队员们趁乱冲击美军战俘关押地，成功地将9名美军战俘全部解救并送上直升机。这次解救行动完全成功。这场行动中，最令人佩服的是海豹队员们在整个3小时行动中互相没有说一句话。因为一个不和谐的声音就会暴露身份，甚至可能会直接导致这场行动的失败。他们完全靠相互默契，完美地完成了任务。可以说海豹突击队就是一支凶残而又狡诈的狼群。

中国华为集团在业界就被称作狼群集团。这不仅是因为其董事长任正非先生崇拜狼，将狼作为其集团的图腾，更重要的是华为在业界的所作所为就像是一支严守纪律、强大而又聪明的狼群。

华为员工上岗前的培训，首先要求熟记业界著名的《华为基本法》。这是华为员工每天必须读过一遍的小册子。小册子上记载着华为员工必须遵守的纪律以及违反纪律所要承受的后果。这样，一旦员工犯了错，是不需要辩解的，自动按照基本法所规定的款项承担相应的后果。因此，华为员工在工作的时候是没有声音的，就像狼群一样，每个人都知道自己该做什么，不需要请示或发指令，直接靠默契。

对于员工的岗前培训已经成为很多企业的必修课，但是华为的做法仍然与众不同。一是时间长，平均3个月；二是不仅限于专业培训，还有军事训练、企业文化、车间实习、技术培训、市场演习等五个部分。这3个月的生活就像炼狱，但是"生存"下来的人，则有获得"新生"的感受。其目的就是让每个未来的"华为人"要像士兵那样严格地遵守纪律。负责训练的主教官是中央警卫团的退役教官，训练标准严格按照正规部队的要求，凡是在训练过程中遭到淘汰的员工将被退回学校，经过几轮筛选幸存的员工才能正式进入公司。很多员工总结这段漫长的培训过程时用的是这几个字：苦、累、酸。任正非以军人特有的风格管理华为，在这种模式的长期运用下，华为人纪律严明，高度自觉。正是由于这样的严格训练，使华为这个团队成为业界中一支令人发寒的狼群。

国有国法，家有家规，军队有军队的军规，公司也有公司的纪律，为的就是给事业、给人生打下坚实的基础。当一个人想把某件事情做得完美，纪律是首要的基础，没有约束自己的纪律，就像没有沿着飞行道飞行的飞机一样无轨可循，偏离轨道的飞机能安全降落吗？这个道理人人都知道，在工作中，在人生中，道理是一样的。员工也好，团队也好，没有纪律就谈不上敬业，工作再尽力，也是不完美的。反过来说，有责任心的员工必定是一个有纪律的员工，对工作也是百分之百地负责任。在当今如此激烈的市场竞争环境下，每一家公司都有自己的文化，有一些公司制定了纪律，但是在文化中强调纪律的公司却寥寥无几。当员工有纪律的时候，就不再需要层层管辖；当思考有纪律的时候，就不再需要官僚制度的约束；当行动有纪律的时候，就不再需要过多的掌控。纪律是事业的基础，纪律也是敬业的基础。当一个企业和员工都具有强烈的纪律意识，在不允许妥协的地方绝不妥协，在工作时绝不找借口，那么，他们的工作会呈现出一个崭新的局面。众多成功的事例证明，一个积极主动、忠诚敬业的员工，必定是一个具有强烈纪律观念的员工。一个团结协助、富有战斗力和进取心的团队，必定是一个有纪律的团队。

懂得服从纪律才能遵守纪律

既然纪律性如此重要，那么如何让人遵守纪律呢？世界各国的军队都被要求要遵守纪律，但达到的效果却各不一样。这是为什么呢？原因是光靠强力去压迫人遵守纪律还远远不够。因为人只有在明白一件事情的重要性后，才会心甘情愿地去做。因此，让人懂得纪律的重要性是让人遵守纪律的第一步。

美国海豹突击队新进的队员都要进行一项特殊的训练，就是著名的"水下捆绑训练"。具体来说就是将一队海豹队员绑在一起，然后一起放入水下。在规定的时间内不能抬头。如果其中一个队员受不了抬头呼吸，所有队员都要处罚。这个训练是要每个人明白自己作为团队中的一员，由于自己不遵守纪律导致的过错会使自己的同伴一并受罚，因而背上巨大的心理压力。

不仅美国的海豹突击队有这样的训练方式，世界各国的特种部队都有类似的训练项目，如中国特种兵的"穿网训练"，英国特种兵的"击石训练"，等等。其目的都是要让士兵明白自己在这个团队遵守纪律不仅是为了让自己不受上级的处罚，更重要的是不要连累朝夕相处的队友一起被责罚。

另外，让士兵、员工、团队队员服从纪律，有效的沟通非常重要。现代社会，要使下属遵守纪律不能威逼利诱，而是要以理服人，要使之心悦诚服。那么掌握说服术就显得尤为重要了。要想以理服人、以德服人，领导者首先就要以身作则，往往破坏纪律最严重的不是下层的士兵而是上层的长官领导。因此，自己要带头服从纪律，才能让下级心悦诚服。

三国的时候，曹操带兵征讨张绣。在路途中，曹操下令有骚扰百姓、践踏麦谷的行为一律处以死刑。没想到，有一天，曹操的马受惊后冲进一片麦田，并将曹操摔倒在地。曹操爬起来后，问执法官，踩踏百姓麦田该当何罪，执法官回答死罪。曹操拔剑准备自刎被众将救下，百般劝解后，曹操说，作为最高指挥官，自己制定的法律自己不去遵守，怎么能让别人遵守呢？但自己又身为军中主帅，自己一死连累三军，因此他拔剑割断自己的胡须，以带头颅。并亲手将自己最爱的马斩首。在古代，头发、胡须受之于父母，自己割之属于大逆不道。这件事以后，曹军上下个个哗然，军纪严整，并打赢了张绣。从这件事可以看出，曹军为何能在三国时期攻无不克、战无不胜？这与曹操严明纪律、以身作则是分不开的。

其次要说服下属懂得遵守纪律的重要性，就要先了解对方，对症下药，在说服过程中要晓之以理，动之以情，耐心劝说。俗话说："冰冻三尺，非一日之寒。"在说服别人时，动用你三寸不烂之舌，耐心细致地说服对方。使他对你产生信赖感，并逐渐了解、赞同你的看法，这就大功告成。然而这只是个基本途径。

巴顿可以说是美国历史上个性最强的四星上将，但他在纪律问题上，在对上司的服从上，态度毫不含糊。他深知，军队的纪律比什么都重要，军人的服从是职业的客观要求。他认为："纪律是保持各军种战斗力的重要因素，也是士兵们发挥最大潜力的基本保障。所以，纪律应该是根深蒂固的，它甚至比战斗的激烈程度和死亡的可怕性还要强烈。""纪律只有一种，这就是完善的纪律。假如你不执行和维护纪律，你就是潜在的杀人犯。"巴顿如此认识纪律，如此执行纪律，并要求部属也一定如此，这是他成就事业的重要因素之一。被人认为有些粗鲁的巴顿并不是强硬的命令者，而是一个忠诚于纪律的践行者。

乔治·福蒂在《乔治·巴顿的集团军》中写道：1943年3月6日，巴顿临危受命为第二军军长。他带着铁的纪律驱赶第二军就像摩西从阿拉特山上下来一样。他开着汽车转到各个军种，深入营区。每到一个部队都耐心地和普通士兵谈话，内容涉及诸如领带、护腿、钢盔和随身武器及每天刮胡子之类的细则。士兵们往往都被巴顿的关心所感动，心甘情愿地听从巴顿将军的指挥。

最后，让士兵、员工、队员懂得服从纪律的道理，其实可以看作要让他们融入一种纪律文化当中。这种纪律文化会使他们知道遵守纪律不仅是义务，更重要的是一种美德，一种责任。而一个不遵守纪律的人，不仅会丧失很多机会、丧失一种品德，更丧失了立身之本。自己团队的其他成员会鄙视你、远离你、抛弃你，由此就再也没有人愿意接近你、相信你了，而你在现代社会中也就无法生存了。

但是不可否认的一个事实是，并不是所有的人都能理解遵守纪律是一种美德这个道理。每个长官都希望所有的士兵遵守纪律，但同时每个长官也清楚做到这一点是很难的。所以，也就有了优秀士兵和一般士兵的区别。优秀士兵组成的团队一定是一支声名远赫的精英部队。同样在企业中优秀的员工之所以优秀，首先他们在公司的团队中表现出了自己严格遵守纪律的优点，懂得让纪律成为自己工作的一个准则，并在此基础上培养了正确的纪律职业道德观，成就了真正的好品格。这种纪律道德观是发自内心的，是没有任何附加条件的，也是经得起时间的考验的。

忠诚是严守纪律的灵魂

古人说:"人无忠者无信,无信者无德,无德者事不成。"忠诚的人,会给人一种安全感和可靠感;拥有忠诚的人,领导会放心让他担当重要的职位,给他更大的职权。如果不慎丢失了忠诚,那么就可能一文不值。忠诚不仅是立身之本,事实上也是任何一个组织纪律的灵魂。一个组织的成员如果对组织没有忠诚,那么就谈不上有什么纪律性,没有纪律性,战斗力就是空谈。

所谓"忠诚"指的就是个人归属于组织的义务和品格。一个组织是否有战斗力,就要看其是否有纪律性,有纪律性的组织,其成员必然是忠诚的。

1989年美巴战争爆发。巴拿马总统诺列加在逃往梵蒂冈驻巴拿马使馆途中,其卫队与美军一支3人组的海豹突击队遭遇并激烈交火。在这期间,诺列加向这3名美军海豹队员开出每人100万美元的生路条件,被这3名美军士兵当场拒绝。不久,诺列加卫队俘虏了这3名美军士兵,并提高以每人300万美元为条件询问美军进攻路线,也被当场拒绝。诺列加不得不枪决这3名海豹突击队士兵,带着亲信逃亡梵蒂冈使馆。以当时的汇率来说,300万美元相当于一个美军准将30年的收入,然而这3名牺牲的士兵却不为所动,这不能不说海豹突击队的忠诚度之高。正因为其忠诚度高,他们的纪律性才严明,海豹突击队的威名才能远播世界各地。

人们常说"人心齐,泰山移",忠诚是一种力量,是团队纪律的灵魂。团队成员正是拥有共同的目标且志同道合、相互了解,对团队忠诚,才促进了团队的发展和进步。

在当今这个竞争异常激烈、适者生存的时代，想要成功地生存，仅仅依赖于自身的力量是远远不够的。一点水，只有放进广阔无边的大海里，才不会干涸。每个人的力量都是有限的，个人英雄主义只会让你陷入更大的危机，一个拥有严明纪律的优秀团队的力量远远胜于强调英雄主义团队的力量。这是因为时代需要英雄，但更需要纪律严明的团队。而只有拥有忠诚的团队成员的团队才能是纪律严明的团队。只有优秀的团队，才能让你强大，也只有优秀的团队才能让你成功地生存。优秀的团队不仅可以培养出能力突出、尽心尽职的优秀人才，还能造就出尽职、坚持、投入、合作的管理人才。只有这样的团队才能使企业朝着更高、更远的目标迈进。在分工日益细致的当今社会，唯有团队成员严守纪律、互相配合才能事半功倍。一个没有团队纪律精神的团队将没有任何作为。但团队纪律严明的前提就是团队成员一定要忠诚于团队。所以说没有忠诚的团员，就没有纪律性超强的团队。一个优秀的团队能具有强大的力量，靠的就是每名成员的忠诚。

忠诚是一个团队持续发展的动力。中国人自古以来便信奉"德才兼备，以德为先"的道理，而最大的德莫过于"忠诚"。忠诚是我们的立身之本，忠诚而不媚俗，每个员工都能忠诚自己的团队，这样才能发挥团队的力量。可以说团队力量来自每个员工忠贞不渝的付出。发扬团队合作精神，就是在体现每个员工的忠诚度，也只有每个员工的忠诚度提升了，团队的力量才可以发挥出最大的效用。

1894年，黄海上发生了人类第一次蒸汽船大海战。交战双方是中国与日本。日本自"明治维新"后，特别重视发展海军，为了"开拓万里波涛""扬威于四方"，明治天皇曾在大阪举行的所谓"观舰式"上说："海军为当今第一急务，务必从速建立基础"［1872年，日本政府设立海军省（即海军部）]。1874年，又向英国定购了3艘两千吨以上的巡洋舰（即"扶桑""金刚""比害"），这3艘军舰分别在1877年、1878年下水。到1882年，日本海军已经拥有舰船12艘，兵员8995人。1883年，日本政府制订了八年造舰计划，决定投资2600万日元（每年投资330万日元）以制造大舰5艘、中舰8艘、小舰7艘和鱼雷炮舰，共32艘。为扩大经费来源，日本在1885年发行海军公债1700万元，又搞了一个三年造舰计划，准备建造一级铁甲舰以下舰船54艘。到1887年，日本海军已拥有各种类型舰船22艘。

从中国方面看，甲午战争前夕，清政府共有北洋、南洋、福建、广东四支舰队，总计有各种大小军舰78艘（不包括武装运输船），鱼雷艇24艘，总排水量为84000吨左右（如果以吨位计算，中国占世界海军第八位，而日本则占第十一位），配备各种炮600余门，鱼雷发射管80多个。中国还拥有德国建造的最新式的两艘巨型铁甲舰——定远号与镇远号，在当时号称为不沉的海上堡垒。

中日双方海军硬件实力对比来说，虽然中国略胜一筹，但是中日海军官兵的软实力却大不一样。软实力的其中一个代表就是官兵纪律性的对比。从什么地方可以看出来呢，可以从中国海军的平时训练中窥见端倪。中国海军从军官到士兵均表现出训练松懈、素质低下。军事素质主要表现在军官的战役战术水平、指挥能力和官兵掌握使用武器装备的技能上。正如当时有些海军将领所指出的那样："在防操练，不过故事虚行。故一旦军兴，同把握。虽执事所司，未谙疑窍，临战贻误自多。"在训练演习中弄虚作假，平时操练炮靶雷靶，采取船动而靶不动，在射击打靶时，预量距离，设置浮标，射击时按预设浮标行驶，这种训练，对军队战斗力的提高是毫无裨益的。结果，在黄海海战中，清朝海军连旗舰下达的战斗编队都无法组成，火炮鱼雷射击精度很差，在整场海战中竟未击沉一艘敌舰。主管北洋水师的丁汝昌系淮军出身，虽有建立海军的愿望与热情，但不谙于海战知识和经验，既缺乏战略头脑，又缺乏指挥海上战役的战斗实践经验，是一个地道的海军门外汉，因而对军队的训练质量、军队素质、实战能力失去了严格的监督检查，听其自流，最终导致了黄海海战的失败。

这场海战失败的原因有种种，但是最主要、最根本的原因还是中日两国军队对国家的忠诚度有很大差距。

健全的制度才能出严明的纪律

对于企业在管理中存在的种种不足,不少企业领导甚至是普通员工当前最爱形容的一句话是:"不是没有制度,制度很多,也很齐全,关键是制度没有得到执行,或者执行不到位。"因此,"提高执行力"几乎成为当今最时髦的"呼吁"了。

对此,笔者不敢苟同。相信参加过各种各样会议的职场人经常能看到类似的现象:在非常重要的大会上,相关领导正在主席台前做重要讲话,观众席甚至主席台的某一处会突然响起手机铃声,由于会场相对安静,铃声因此显得特别震天动地,经久未息,大家不由得纷纷侧目,一齐探向铃声发源地……大家所熟知的是,在各种会议上,会议主持人一般都会在事先提醒说"请大家将手机关闭或调整到振动状态……"云云,在特别重要的会议,甚至会在"会务须知"上特别注明这一条。可是,却为何屡劝而屡现铃声大作的现象呢?

探究其原由,是由于没有一个参会人员会因为手机铃声干扰会议而受到任何处罚;再深究一步,是企业还没有制定条款为"手机铃声干扰会议受到何种处罚"的规定。当然,再进行深究,原因还会有很多很多,但是,关键的一点是没有明确的规章制度作为处罚的依据,也没有明确规定哪个部门哪个岗位的人员来执行处罚或者简单说管一管这类事情,更没有明确规定哪个部门来监督检查执行部门到底执行检查任务了没有,执行得怎么样。所以,往往就造成这种现象屡"禁"不止。

上述所言，就是一个明显的制度缺失的例子。窥一斑见全豹，企业规章制度的健全程度，不容乐观。

更不容乐观的是那些已经建立起来的林林总总的规章制度，果真是已经完善了并经得住推敲吗？如果真的健全了、完善了，为何还会出现执行不到位的问题呢？执行不到位，不正好说明制度本身还存在问题吗？

一项设计合理、措施得当、保障有力的制度，一旦实施，其本身就会有一种天然的力量，具有很强的不可逆转的刚性，不应该存在执行不到位的问题。

说到制度设计的完善与刚性，首先来谈谈20世纪70年代在美国发生的著名的"水门事件"，因为这个事件的前因后果以及处理结果，很能说明设计得当的制度是如何有效运转的。"水门事件"的整个过程，在我们许多国人看来真是简单得不能再简单的事情，可是这样一件"简单"的事情，却最终导致了当时美国总统尼克松被弹劾，从国家总统的高位上黯然退下，还面临着被追究刑事责任、遭受牢狱之苦的灭顶之灾。

事件的起因就是美国那时的当任总统尼克松在竞选连任下一届总统时，为他出谋划策的"竞选班子"很想了解竞争对手民主党竞选班子都在想些什么，准备做些什么，以做到"知己知彼"，于是想出了一个馊主意，派人跑到对方临时租用在水门大厦的竞选办公室里安装电话窃听器，结果东窗事发，扯出了并非出此下策的"主谋"尼克松总统来。其实，由于制度设计得相对完善，安装窃听器这个馊主意一旦形成，就已经埋下了它必将失败的种子。因为政府公务人员知道这么做不合法，一旦有个差错，参与人员必将面对牢狱之灾，身败名裂，这一点就是总统也无法给他们任何庇护。所以，训练有素的政府公务人员即使是特警也都拒绝去执行这项任务，"竞选班子"不得已临时雇用了几个正苦于生计无落、无知而无畏的古巴难民去做，结果没有经过任何训练的古巴难民一做事情，就马脚毕露，被当场逮了个正着。

结果事情被一步步地按照美国所设计的相关制度进行调查，当事人及相关责任人被一一纠查出来，并追究到总统尼克松的责任，还扯出其他一连串事情，最终导致尼克松辞去总统职务，并等待刑事诉讼。最后，副总统被意外扶正之后，合法使用总统豁免权，赦免了尼克松的刑事责任，才使曾贵为总统的尼克松最终免于牢狱之灾。其实，尼克松当时身为总统，手中还是有一定权力的，在东窗事发后调查局还没有追查到他本人之前，尼克松本来也曾试图利用职权的便利，百般进行掩盖，但是，他的每一项权力都有相应的监督来制约，并非他想用就可以用的，因此他的试图掩盖真相，事后反而变成罪加一等，而且牵累了不少下属官员。"水门事件"再往后推20多年，克林顿当任美国总统期间卷入了"绯闻门"事件，克林顿也曾想利用身为三军统帅的"军人"身份，借口国务军事繁忙而推延应诉时间。但是制度不允许，克林顿没有得逞，只有硬着头皮在规定时间内仓皇应诉，狼狈不堪。

正是制度设计得比较完善，才使美国政府机构的公务人员不敢以身试法，不敢轻易触犯相关制度，如果有人敢于藐视制度，做出违规事情，将会不由自主地被一环接一环地纠查出来，犯规人即便贵为位高权重的总统，不但难以逃脱责任，而且还要承担更为沉重的后果。也正由于制度如此设计，使美国各机构的普通调查人员，一个个变得似乎执行力特别强，连总统都敢"揪"出来服罪。

由此看出，制度好比一台机器，是要靠人来设计和制定的，在这一点上，人完全具有主宰权，人的综合能力也决定了制度的质量和能量，但制度一旦形成，它所焕发和拥有的力量是人类无法比拟的，就如上九天揽月的宇宙飞船和入五洋"捉鳖"的核潜艇，虽然都是由人类来设计和创造，但它们一旦诞生，其能量真是让人类望尘莫及。

制度是企业员工执行力最强有力的塑造者，一个企业实行什么样的制度，就会培养出什么样的员工。世界许多著名的优秀企业，其拥有的员工也许并不是世界上最优秀的人才，但是稍对这些世界级优秀企业进行研究，就会发现这些企业肯定都摸索和设计出了一些相当完美的制度，催促员工从平凡走向优秀，也吸引着企业外许多优秀人才的加盟，使企业可以更好地完善自身并得到不断的自我提升。这也许正是他们之所以在激烈的竞争中脱颖而出并走向卓越的主要原因。

这些足以说明，执行力弱的员工，需要制度来约束、引导和提高，员工最后实在提高不了，制度自然会将其淘汰出局；而执行力强的员工，更需要制度来保障，鼓励其保持和提高执行力的热情。对后一点，谨以笔者所在企业的现场管理为例。该企业近几年来在现场管理方面取得了很大的进步，不少员工都把这个归结为引进了较好的规范化现场管理模式（这个所谓的"模式"实质上就是一种制度），而现场管理规范化之所以得到较好保持，又归功于检查考核之细、之严，在这一点上不得不归功于工作相当严格而且尽职尽责的现场管理员。在此暂且做个假设，假设没有相关的制度为现场管理员做保障，先以小人之心来说句不好听的玩笑，倘若这位严格的现场管理员在现场检查考核中得罪过的哪一个同事某日升职，对被扣罚过的"历史"耿耿于怀，对现场管理员的去向又有生杀夺予"大权"，说不定，轻者就给现场管理员穿"小鞋"，重者，就不好说了呢。因为没有完善的制度去进行相应的约束，给予相应的保障，一切为所欲为皆有可能。这样，良好的规范化现场管理就无法保持下去。

因此，规章制度的设计要非常慎重，要考虑周全，进行规章制度的设计时，不但要明确高效的工作流程和详细的操作规范，还要设计好监督机制，确保监督规章制度的执行情况，还有非常重要的一点，就是对制度监督部门的监督，明确制度监督部门失察或监督不力时如何处置，等等，一一设计，一环接一环，环环相扣，否则规章制度就容易流于形式。设计完美的规章制度，应该像自动化程度很高的一台现代化设备仪器，只要按动一个按钮，就可以牵一发而动全身，也因此有人若想搞个小动作什么的，都会被查到揪出，将其排除掉。倘若制度设计得完美了，那么，到时候相关执行人员想不执行都难，想不提高执行力都不行，就像当初尼克松总统亲手任命的检察官一样，由于受到了难以想象的层层阻力，虽然极不情愿去查，但是有一股更强的力量，使其必须老老实实地按照规章制度来调查上司所卷入的"水门事件"，直至水落石出，因为制度设计了更强有力的监督机构在那里盯着、催着呢！治理国家制度理应如此，用在治理企业，也应如此，因为不管是大如国家还是小如企业，其主要工作都是在管理"人"。

纪律是发挥最大潜力的保障

纪律对于一个团体异常重要，它是各项任务得以顺利完成的重要保证，也是群体发挥群体合力的纽带，一个缺乏纪律性的组织是很难克敌制胜的。相反，一个具有高度组织性、纪律性的群体，即使在最艰苦的环境中也能迎难而上，所向披靡。

美国历史上有名的四星上将巴顿将军说："纪律是保持部队战斗力的重要因素，也是士兵们发挥最大潜力的基本保障。所以，纪律应该是根深蒂固的，它甚至比战斗的激烈程度和死亡的可怕性还要强烈。"

然而，环顾全球，一些在事业上非常成功的企业家有相当部分都是出身行伍，他们在严酷的军事环境中铸就了铁的纪律，并把它运用到企业管理中去，以此来提升公司的办事效率，且卓有成效。据美国商业统计，第二次世界大战后在世界500强企业中西点军校培养出来的董事长有1000多名，副董事长有2000多名，总经理、董事一级的有5000多名。除此以外，被美国人誉为"蓝血十杰"的十名青年退伍军官，在被亨利·福特二世大胆起用后，在福特公司内部建立了科学的管理制度，为企业的管理输入了新的理念。使福特汽车扭亏为盈，再振雄风。此后他们当中还先后出现了两任国防部部长，两任世界银行CEO，两位著名的商学院院长，六位企业CEO，并被誉为美国现代管理学之父。20世纪90年代，著名的CEO杰克·韦尔奇决定：每年选拔200名退伍军人充实通用公司的中下层管理队伍，并且要求各层管理者逐批到西点军校受训。

可以说，纪律永远是忠诚、敬业、创造力和团队精神的基础。对企业而言，没有纪律便没有了一切。

在跨国公司中，惠普的人性化管理十分突出。它的管理者在任何时候都与雇员保持着密切的联系，员工们对于管理者都可以直呼其名，不用避讳，并且没有人可以拥有单独的办公室，而是所有人都在一个很大的会议室里集体办公，以便让人际关系和交往更加融洽。但就是这样一个颇具人性化的公司，对于严明的纪律，也是十分重视的，可以说惠普宽松的工作氛围是建立在严明的纪律之上的。它具有一整套严格的纪律来约束员工的行为，例如，"科研记录本"制度，即技术人员所有的发明创造，包括思路、草图等原始素材必须写在专门的科研记录本上。科研记录本有点类似于发票，在科研记录本上每一页都有号码，就像发票一样是连号的，员工不可以撕掉其中的任何一页，否则就会惹来麻烦。惠普还通过内部审计来进行监督检查，通过每年一次的内部审计对科研人员的发明创造、产品开发过程、文献管理、技术管理等方面进行严格的审查，一旦发现有人把技术发明、产品设计（包括想法和草图）未写在科研记录本上，就视情节轻重对其进行处理。

这些无不反映了严明的纪律对企业稳定和发展的重要性。纪律是事业成功的铁的保证，一个员工只有遵守纪律不逾尺度，才能在企业中得以立足和发展；而一个企业只有拥有遵守纪律的员工，才有可能具有强大的生命力和战斗力。遵守纪律就表现在下级对上级的无条件服从，没有任何借口地遵守已有的制度和上级颁布的命令。在著名的西点军校，新生上学第一课就是训导学员们不管什么时候遇到学长或军官问话，只能回答："报告长官，是"；"报告长官，不是"；"报告长官，我不知道"。除此之外不能多说一个字。

尽管这种管理方式看起来很武断，但只有不找借口，不找理由，员工对自己的岗位和本职工作才能更加尽责，才能培养出更强大的执行能力，而公司的管理体制也才能更加有效地贯彻和落实。

遵守纪律是执行力的保证

一支富有战斗力的军队，必定有铁一般的纪律；一个合格的士兵，也一定具有强烈的纪律观念。纪律，才是团队文化的精髓，团队如果没有纪律，就不能称其为团队。每个团队建立之初的第一件事情，就是指定明确的纪律规范。没有规矩不成方圆，团队是人的组合，人都有自己的思想和行为，但是团队却要力求避免这种个人的思想和行为，要求步调一致，所以纪律的约束不能缺少。

著名IT企业英特尔把"注重纪律"列为公司六大价值观之一，他们充分意识到了纪律的重要性。曾任职英特尔公司的华裔副总裁虞有澄就说："纪律能让企业像军队一样，每一天都井然有序地高速运转，严谨的纪律是企业制胜的关键。"

纪律是一个团队生存和作战的保障，没有了纪律，这个团队就会像一盘散沙，各自为战，没有前进的方向。一个企业的使命说来也非常简单，就是把已经制订的计划去变成现实，也就是执行。但是如何执行，却是一门大学问。这时，纪律不可缺少，纪律是保证执行力的先决条件。纪律首先是服从，下级服从上级、部门服从公司、公司服从集团。令行禁止，决定的事和布置的工作必须有反应、有落实、有结果、有答复。

同时，纪律也保障自由和创造。现代社会，每个人都有自己的自由，但我们同样要遵守这个社会的规范、法律。只有遵守这些规范和法律，社会才能在和平的环境中发展，个人的自由才能得到保证。

具体到某一个企业、某一个公司、某一个团队，为了更好的发展，为了大家共同的利益不受侵犯，都会制定一些条例、规章，以要求员工的行为。不要以为这是对员工自由的限制和剥夺，只有在这样的纪律之下，每一位员工才能获得自己的自由，才不会受到别人的侵犯，才能真正进行那些具有创造性的工作。这样看来，企业的纪律正是对员工权利的最大保护。

在国内企业界，很多成功大企业的领导者都曾经有过军旅生活，海尔、华为和联想的领导人张瑞敏、任正非和柳传志都当过兵，他们的共同点是创业初期都纪律严明，实施严格管理，对制定的路线和方针必须坚决执行，管理上必须绝对服从，不讲客观，不讲条件，不讨价还价，上下思想统一，步调一致，就像军队一样，联想还形象地把自己比喻成"斯巴达方阵"，这样严明的纪律确实是他们取得成功的重要因素。

柳传志曾经说："我们要造就一个真正的斯巴达方阵，即使某个局部出了毛病，整个方阵也不会乱。公司是一个模子，我们要通过制度的作用，把外面进来的各种各样的人按联想的模式塑造成我们所需要的人。"那是一个无坚不摧的方阵，是一个战无不胜的方阵，是一个永远不会出现混乱的方阵。在联想集团，治军严谨的柳传志规定，凡是开会迟到的人，自己先罚站一分钟。这一做法数十年如一日。如今联想开会时，依然会看到有一两个人是"挂"在那儿的。

在联想，做任何工作，都要遵循三个准则。

第一条：如果有规定，坚决按规定办。

第二条：如果规定有不合理处，先按规定办并及时提出修改意见。

第三条：如果没有规定，在请示的同时按照联想文化的价值标准制定或建议制定相应的规定。

为什么将"如果有规定,坚决按规定办"这个准则排在第一位,因为这体现了联想纪律文化的精髓。员工在公司做事情,必须要严格执行规定,不能因为觉得规定不合理就可以蔑视它,就可以不去遵守。因为,遵守哪怕是不合理的规定也比员工随心所欲、为所欲为重要得多。

与联想相似的是中国北方规模最大、销售额最高的消费品流通企业——物美商业集团,其董事长张文中这样说:"我可以明确地说,纪律就是物美文化的核心内容。没有纪律的物美文化不可能指导物美的各项实践有序地取得成功。在物美做事就要认同物美的规则,对已经形成的纪律不含糊,成为一名有纪律的员工。有纪律的员工是把纪律变成习惯,做任何事情都会按照规则去进行。"

自由散漫者永远不会是一流的人才!唯有纪律才能保证你日益进步。有了理想,还要有纪律才能实现,纪律是彻底完成任务的保证。正如马克思所说:"我们现在必须完全保持党的纪律,否则一切都会陷入污泥中。"

波士顿咨询公司的全球总裁保罗·博克纳曾经说:"在不确定的时代下,中国企业必须明白战略计划是个不断更新的过程。中国很多企业其实具有很好的战略,但缺乏执行,很多好的战略并没有付诸实施或实施不到位。中国企业要进行战略管理必须注意的三条原则就是:要有优秀的人才,要很努力地工作,并具有良好的纪律。"这就是著名的"不确定时代下的企业管理三原则",而"良好的纪律"就是其中的第三个原则。

在国内的企业中,海尔是最卓越的一个。更令人赞叹的是,它用20年的时间,就从一个濒临倒闭的小厂,成为世界知名品牌,并一度进入世界500强之列。是什么改变了海尔人?答案就是:纪律!

张瑞敏在接手那个濒临倒闭的小电器厂时,就是从纪律着手的。在那个时候,张瑞敏颁布了著名的"13条",包括不允许打骂人、不许在工作时间抽烟喝酒、不许在车间大小便。现在看起来的荒唐笑话,却是当年工厂实实在在的情形，由此可以想象那时海尔员工的整体素质水平。

海尔空调器总公司是海尔集团大型骨干企业之一，其前身为青岛空调器厂，因资不抵债被并入海尔。最初，被兼并企业的员工人心涣散、作风懒散。针对这种管理松散的状况，海尔出台了一系列严格的管理措施，抓现场的、抓纪律的、抓管理的……严明的纪律使整个空调厂迅速脱胎换骨，成为一个生机勃勃的现代化企业。

在张瑞敏眼里，由众多大公司集合起来的集团运作，需要一种有纪律的计划和行动，以便统一面对市场，实现卓越经营，所以海尔从创立之初就非常强调员工的纪律意识。现在，海尔的员工很少有上班迟到的。为了不迟到而打的去上班，这被看作天经地义的事情，因为如果不及时赶到，便是违反了纪律。

每一家公司都有自己的文化，但是在文化中强调纪律的公司却寥寥无几。这也正是平庸企业与优秀企业的最大区别。当员工有纪律的时候，就不再需要层层管辖；当思考有纪律的时候，就不再需要官僚制度的约束；当行动有纪律的时候，就不再需要过多的掌控。